新・舞台芸術論

小池博史
Hiroshi Koike

新・舞台芸術論

21世紀風姿花伝

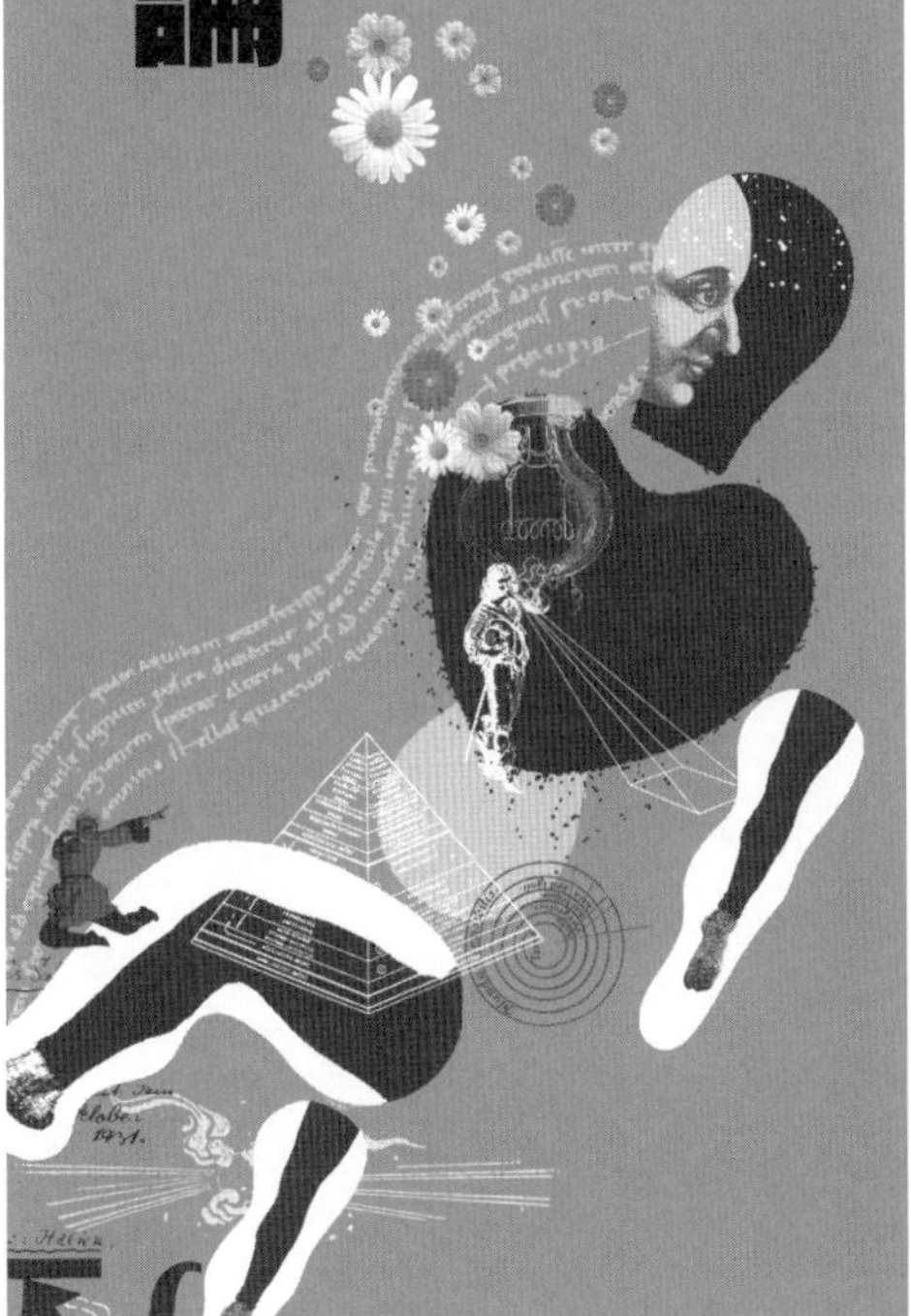

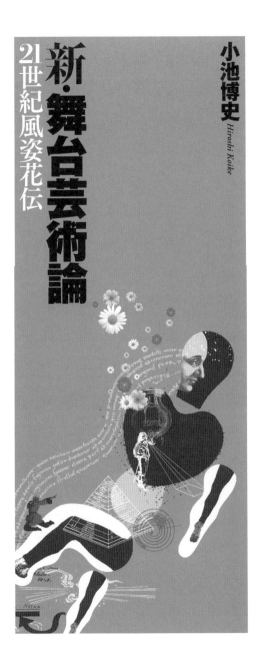

目次

はじめに

三五年間、私は演出家としてさまざまなアーティストと約七〇の舞台作品を制作してきた。その一方、一般市民と二〇年間に渡り、かなり多くの作品を作っている。年間四、五本、今までに一〇〇作品は制作しているだろう。プロと素人では創作方法が異なり、素人に対しプロを相手にするような稽古は行わない。が、プロで良い作品を作るのは当たり前で素人ならどこまで可能かが試され、私には恰好の試練の場となった。まずはこの話からはじめたい。

創作に参加する市民は素人を主体に少数の経験者が混じる程度。技量はないに等しい。私がプロを相手に稽古する場合、稽古量は一日あたり六、七時間、のべ四〇日から五〇日間で行う。一般市民相手ならば稽古量はかなり減って、一日あたり三―五時間、のべ二日から一週間程度。二週間近くの時間を割けるときはあるが稀だ。この条件の下、三〇―九〇分間の舞台作品を仕上げる。参加者に教えつつ、みなに参加意識を持ってもらい、彼ら自身が創作の主体となるワークショップ形式の創作手法で行う。参加者の年齢層は一〇代から八〇代まで。短時間稽古で仕上げるのだから指導する方も緊張感が伴う。いわゆる演劇作品ではなく舞踊作品でもない。娯楽作品でもない。舞台作品としか言いようのない作品を、私は市民とともに作ってきた。

はじめは誰もが不安を口にする。私の作品はジャンル的分類が難しいせいもあって不安が募るらしい。プロ相手の作品では基本になるのは身体の効く人たち、つまり多くが舞踊トレーニングを積んできた実演家だから、作品を見た経験のある人々はあんな高度な真似はできないと尻込みする。すると作品を知らない人の間に漠然とした不安が広がる。なにをさせられるのか？　私の声は小さいし、運動もしていない、演劇や踊りをやった経験もない、と。一部には若いときに演劇活動を行い、踊りに汗を流していた人々や、これから演劇や舞踊をやっていきたいと夢を語る若者はいるが少数派だ。多くはなんとなく満たされない気持ちを抱え、ワークショップに出席しようか止めようかと逡巡していた、すでにワークショップ会場に来るまでが大きなハードルだった人々である。ある程度の年齢になると経験のない事柄を行うには強い動機と勇気が必要になる。だからその場までやって来られただけでも、ハードルを飛び越えられた意思的な人々だと言ってよい。

参加者には簡単な動きをしてもらう。小学生以下だとちょっと厳しいが、ほぼ誰にでもできる動きだ。可能な限りなにも考えず、人の動きも一切気にしないでゆっくり動く、これだけ。まずは力を抜いて床に座る。次にペン等の小さなモノを身体の前、五〇センチほどの位置に置き、頭のなかを空っぽにしてゆっくり手を伸ばして取る。なにも考えないことが大切。それからモノを胸の前に持ってきて、再び床の同じ場所に戻す。この動きを同じ速度を維持しながら行う。ただし尋常な遅さではない。五分以上の時間をかけるほどの速度を維持しつつ行うのである。これが意外に難しい。まずは他者の動きを気にしないという困難がある。「気にしない、気にしない」と唱えながら、気にしないとはなにかを考えてしまう。あるいは身体が思うように動かないのはなぜかと思い巡らす。考える癖は抜けず、身体に力が入る。たったこれだけの動きが簡単にはできない。二回行う。ときどきは脱力運動をして心身を柔らかくさせる。「可能な限り遅く動きましょう」とだけ言ってはじめても、遅過ぎるスピードは日常動作にはないので遅くは動けない。そこで目安の時間として「五分程度で」と伝えている。でも遅い動きならば五分だろうが十分だろうが関係ない。遅い速度を保てなければ内部で起きる変化が感知できないため非日常の遅さは必須なのだ。もちろん頭のなかでタイムをカウントしたのでは無意味だ。

一部の舞台経験者は、「ただのゆっくりした速度」では行わず、意思の発露としてなにかしらを付け加え、表現行為に持ち込もうとする。特にプロは顕著(ときどきはプロだけを相手にして行うことがある)。しかしそれでは意味をなさない。経験者は「なにかをしようとすること」を学習し、癖になっているケースが多い。ゆっくりした表現を行おうとする意思的な動きと無心の動きでは、見え方が大きく異なる。個人の固有物であるはずの「意思」ですら教育され、染み込まされた意思である可能性が高いのだ。そこでまずは意識的に無心であろうとし、感じ取ることを覚えてもらう。このプロセスの初期段階では、表現しようとすればするほど弱々しく見えてしまうもの。

ゆっくりした動きが身に付いたならば、次にモノを身体から二メートル離した場所に置き、寝転ぶ。そして起き上がって歩き、モノを拾って戻り再び寝る。約一〇分かけて行う。

この動作を行った段階で、参加者の多くが強い驚きを感じている。……自分の身体が自分のものでないかのよう。どうやって起きたらいいか分からない。筋肉が辛い。立ち上がれない。歩こうとして歩けない。ふらつく。バランスが取れない。身体が緊張して動きが滑らかにできずカクカク分断してしまう。モノを取ろうとしたとき足がガクンと折れる。モノが大きく見えた。モノに対して強い愛着が湧いた……。その他さまざまな意見が寄せられる。参加者がどう感じ、どう動こうとしたかを検証し、ひとりひとりの意見を聞いてアドバイスする。ここが大切だ。ゆっくり動こうとすれば身体は自分の身体ではなくなったかのようでたくさんの疑問が湧いてくる。簡単な動きだとはじめる前は誰もが考えた。でもできない。遅いだけで、やっているのは単に起き上がり、歩き、モノを取り、再び戻る、シンプルな動作なのだ。

ゆっくり動くだけで身体への気付きはそこかしこで起きてくる。ここまでは自らの身体との対面だ。少しずつ慣らしながら、身体にはまだまだ自分が認識できない不思議さが残っていると冷静に思えるようになった頃、次の段階に移る。

「ゆっくり」を保ちつつ他者の視線や存在を感じ取ってみる。匂いを感じてみる。愛の記憶、モノへの記憶、悲しみの記憶を喚起させてみる。空間の持つ力を人の力と同等に感じ取ってみる。目に入って来るすべての感触を全感性で受け止めてみる。壁や椅子、人々が空間のどこに位置し、そのなかでどのポジションが自分にとってもっとも快適に感じる場所なのか感じ取ってみる。光が時間とともに変わる感覚を受け止めてみる。衣服の掠れ音、空調の音、足音、息づかい、音楽……音の変化を身体中の毛穴を開くかのように感じてみる。音が場に彩りをもたらし、目に映るものがどう変化して見えるか、意識する。最大限口を開け、手を挙げ、目を見開く、意味を一切知らせずにいくつかの動きを行ってもらい、結果どう感じたか、語ってもらう。……あらゆる要素が引き延ばされたかのような時間のなかで淡く、ときに激しく明滅しながら、身体が作り出す場全体への認識を生み出していく。身体は面白いものだ。身体はまるごと記憶体なのだと朧げに知るようになる。ゆっくり動けば、知らず知らずに個々人の感覚を場に濃厚に映し出して、場は醸成される。こうしてゆっくりした動きだけで二〇分から三〇分程度の作品ができあがる。

まったくの素人による二日間程度の稽古でも、人間の素の、生きる姿を映し出した作品として形になる。この地点から時間の許す限り、ゆっくりではない動きや台詞、台詞ではない声を付け加えていく。遅い時間を真っ先に身体に染み込ませることで、世界の見え方や己自身、他者の感じ方が変わり、ここを起点とすることで、普通に動き、普通に語ることの「普通」や普通に過ごす「日常」はどんな時間なのかという気付きを得てもらう。

結果、参加者のほとんどが豊穣な時間を生きた感覚を持つという。未知の感覚や懐かしい感情、身体自体が変化した感覚を得る。そして見ている側も、同様の感動的な「生の時間」を見た感触を抱くという。

約二五カ国でこのワークショップは実施しており（海外ではプロ相手のワークショップとなる）、プロフェッショナルアーティストもまた強い刺激を持つようだ。スランプを脱したり、身体全体がセンシティブに変化したり、今まで感じたことのない次元に立つことができたり。

こんな現象がなぜ起きるか。このワークショップ型創作から生み出される結果は、「芸術とはなにか」、「舞台芸術作品とはいかなるものか」、その回答になるかも知れないと考えてきた。このシンプルな創作には芸術の根源性があり、舞台芸術にしかない、あらゆる要素を包み込んだ表現の形がある。「人間とはどんな生き物か」という根源に対する朧な回答も用意されているため、参加者、見る側とともに濃密な生の時間を過ごした感覚が得られるのではないか……。

さて、「舞台芸術」と聞いて、どんな作品を思い浮かべるだろう。

舞台作品って芸術なの、と思う人は多いと思う。娯楽作品としての舞台を見た経験しかなければ当然だ。一方では、舞台芸術は難しい前衛作品と考えてしまう人もおり、「芸術＝難解で高尚なもの、庶民とは縁遠いもの」と考えるなら、舞台が「芸術である限り」公演会場まで足を運ぶ気にはなるまい。

舞台作品は一般の人々には縁遠い存在だ。映画やビデオと違い複製できないのが舞台作品だから、公演場所まで必ず出向かなければならない。東京にいれば世界中の（特に日本と西洋の）多くの舞台を見られるけれど、地方では中心都市でも難しい。東京に住んではいても舞台作品を見る習慣性は薄いから見に行くには動機が必要になる。……テレビで知る俳優を生で見たい、有名な小説が原作の舞台作品だ、テレビで派手に宣伝している、皆が行く、知人が舞台活動を行っている……少なからずこんな動機で劇場に人は足を運ぶ。昔と違って舞台評は新聞や雑誌には出なくなり、ネットはあるが良い批評空間はないに等しい。だからメディアの批評から見当をつけて見には行けなくなった。学生の頃、舞台に嵌った人も、社会人になると忙しくて観劇どころではなくなり、習慣性が消えるとまったく縁遠くなる。それでも見に行こうとするには日常の疲れを癒し憂さを晴らしてくれる作品か、昔よく見ていた劇団の演目で、新しさを纏った高尚な〝芸術〟では重過ぎ、娯楽として楽しませてくれれば充分と考える。

「舞台芸術」作品とはどんな作品なのだろう。プロフェッショナルが制作する舞台作品であれば、参加するのは作家、演出家、振付家、音楽家、美術家、俳優、舞踊家等々の芸術を生業とする人々だから、芸術作品として成立していそうではある。だが、本当にプロが作れば芸術になるのか。通常、舞台は演劇・舞踊・ミュージカル・オペラ等に分けられるから、それを総称して「舞台芸術」と言うが、さてどうか。

むろん芸術の定義付けは必要だ。なにをもって舞台芸術作品とするのか。素人の参加者で制作したワークショップ作品がジャンル内に収まらず、それでも充分に彼らが生き生きとして、生きる希望を持つ人まで出て来るのはなぜか。まったく娯楽作品ではなく、強いメッセージもなく、技術的に優れてもいないのに参加者、鑑賞者ともに満足する。ここにはどんな鍵があるのか。舞台芸術とはなにか、その根幹を紐解いてみたい。

第一章　舞台芸術とはなにか

舞台芸術は人類のもっとも初期から存在する形式を持ち、生《なま》の人間がいることで成り立つ芸術である。生《なま》の身体は加工が効かない。映像のような真似は不可能だ。しかしその古くて融通が利かない芸術は人類史上消えた試しがない。実演する側、観客側双方にとって大きな制約があるにも関わらず今も隆盛を誇り、世界中で独自の舞台作品は次々に作られる。作る側、観る側ともに、舞台でなければ得られない魅力を感じているからに他なるまい。

では、舞台芸術作品でなければ得られない魅力とはなにか。この命題を紐解きたいと思うが簡単ではない。「舞台」には多岐に渡る形式があり、総合的に「舞台芸術」という括りで論じられるかどうかの問題がある。だが演劇論、舞踊論等、ジャンル型個別論では対応できまい。「演劇」、「舞踊」ともにジャンルとして成立して以来すでに長い時間が経過しているため、当のジャンルに対する疑問は出にくいのが第一の理由。第二の理由はそもそも「舞台芸術」はジャンル的越境があって成り立つ総合性を持った芸術であり、個別性はたいして重要ではないということ。各ジャンルを精査しても全体像は見えては来ない。ならば舞台芸術であることに絞り、抽出したエッセンスからの論述が肝要となる。

私が三五年以上に渡って創作して来た作品はジャンルを越境した、演劇、舞踊、美術、音楽を溶解させた作品である。それら要素を混ぜ合わせながら、ときどきのテーマによって抽出具合を変え、舞台作品として成立させて来た。そんな私だが、舞台芸術家として立っていきたいと決心させた作品は、演劇、舞踊、オペラ作品ではない。日本の舞台芸術シーンにあって突然変異的に発生した「安部公房スタジオ」（劇団名）の作品群であった。安部公房は抽象性の高い小説を書く作家との印象が強いが、近代以降の日本舞台芸術史上もっとも総合的、実験的な舞台制作をはじめて行った作家である。彼の作品群を見ていなかったら私は舞台をやりたいとは思わなかっただろう。そのくらい強いインパクトがあった。最初は四〇年も前、渋谷の安部公房スタジオ（スタジオ名）で観た「水中都市」。ことばはほんのわずか、舞踊家ではない俳優の身体が躍動し、シンプルな単語や声を発し、照明、音響によって水中であることを示した表現で、それ以前に見たどんな演劇、舞踊とも違った複合性があり、舞台ではこんな表現が可能なのかと驚き、はじめて舞台に未来を感じた。それは私の子どもの頃からの指向性が大きく影響していたのだと思う。

もともと舞台ぎらいの子どもだったが、あるとき舞台芸術の可能性を見出し、学生時代に活動をはじめた。大学卒業後は一時、舞台の世界を離れるも二年後には戻り、プロフェッショナルの舞台芸術家となる。まずはそこまでの道のりを辿りたい。

舞台芸術活動前史

①子ども時代のこと

私が舞台に興味を持ったのは、東京に出て来て大学に入り、ひょんな偶然から舞台をはじめざるを得なくなって以降である。

故郷での観劇体験は年に一本もなかった。東京の大学入学以前は高校演劇作品含め、総計で一〇本も見ていない。予定調和的な地方廻りの舞台か、いかにも子ども向けの幼稚な作品だけが、生まれ故郷までやって来た。映画は大好きだった。しかし舞台は等身大の身体がそのままそっくり見えるだけ、貧乏くささばかりが漂って、私は嫌悪感すら抱いていた。

子ども時代の記憶や印象を抱いたまま多くの人々は一生を過ごすことになる。子ども時代の知見は人の一生を左右するほどの意味を持つ。私にとってのそれは音楽や映画、建築、美術、しかもレコード芸術としての音楽、プリントされた映画、写真で見た建築や美術だった。昭和三〇―四〇年代の高度成長期、複製芸術は大変な勢いで一般化する一方、経済的に成り立ちにくいライブ芸術は、田舎にいる限りほぼやっては来ず、来てもグレードの高い作品ではなかった。

②音楽と映画、建築など——舞台創作を手がけるまで

少年時代、私は音楽と映画をこよなく好んだ。特に音楽は猛烈な聴き方をし、映画も学生時代には寝食を忘れるほど夢中になって見ていた。

まずは音楽について書こう。

小学生の頃は祖母の影響もあって、都々逸、浪曲などを耳にしながら、両親が好んだシャンソンやら映画音楽、クラシック音楽を聞かされた。その頃は歌謡曲全盛の時代で、西田佐知子、黛ジュン、弘田三枝子、奥村チヨ等の女性歌手をラジオやテレビで聴いては夢中になったが、小学校高学年時にグループサウンズが流行るとすぐに飛びつき、次に日本を超えてモンキーズやビートルズ、ボブ・デ

ィランを聴くようになり、中学ではピンクフロイド等のロック音楽やさまざまな民族音楽を聴き漁るようになった。と、まもなくジャズに夢中になった。中学三年のときマイルス・デイビスの「カインド・オブ・ブルー」を初めて聴いたときは殴られたような衝撃を受け、茫然自失状態に陥った。それまで私が聴いてきた音とは異なる〝アドリブ〟による音楽だった。メロディーとリズムが音楽だと思っていた私は、自在にアドリブによって瞬時に音を作り出し、スリリングに進行するジャズ音楽の虜になった。中学生の私を串刺しにし、ジャズ音楽探求へと邁進するきっかけとなるや、音を求めてラジオに齧り付き、ニッポン放送で流れていたアルトサックス奏者、渡辺貞男がパーソナリティーを務めた「ナベサダとジャズ」や雑音だらけのラジオ関東の番組「ミッドナイト・ジャズ」に聞き耳を立てた。高校時代はこっそりジャズ喫茶に通った。自宅では絶対に聴けない大音量でジョン・コルトレーンやエリック・ドルフィーの、内臓から弾け飛ぶような音を無我夢中で聴き、のめり込んでは身体を揺らし、激しく足でリズムを取った。その音は、辟易していた学校の勉強や、激動がまだ残っていた学生運動に足を踏み入れられず眺めるしかない寂しさ、思春期特有のあらゆるものに対して敵意を抱くイライラ感を少しだけ溶かして、私は音楽によって生き長ら得ている感すらあった。東京に出てきた後も、会話禁止でジャズを大音量で流すジャズ喫茶がたくさん残っており、映画館とともに最も安心できる場となっていた。自室に戻ると雨戸を閉め切った暗闇空間と音楽が大半の時間を占め、発表の当てもなくジャズ批評まで書き、ジャズ評論家になろうと勢い込んだ。瞬時に新しい音を作り出していくジャズ音楽は生活の重要な一部になり、身体からは音が溢れてこぼれ落ちんばかりであった。

しかしそのジャズ呪縛は二〇代半ばで突如溶ける。約一〇年間、「ジャズは命」だったのが、憑き物が落ちてジャズという枠組みは見事に消え、好悪は激しいがどんなジャンルの音楽もすんなり耳に入ってくるようになった。いやそれどころか、以降はあらゆる音が気になった。交通機関の音も人の声も、赤ん坊の泣き声も機械音も音楽も、音という音すべてが等価に耳に入り込み、息づいているように感じられた。

子どもの頃はテレビドラマが大好きだった。大人たちに混じって食い入るように見ていたが、稀に連れて行ってもらった映画館は夢の場所だった。家の近くの広場では、毎夏の盛り、巨大な白幕を張ってスクリーンに変え、映画の実写会が開かれた。町内の大人や子どもが広場に集まってはわいわいがやがやと喋りながら観た。その光景は未だ胸が熱くなるほどの楽しい時間として記憶の襞に刻まれている。タイトルは覚えてはいないが、チャンバラ映画や娯楽映画……全部日本映画だったけれど見たことのない不思議な世界が広がって、どきどきわくわくしたたおやかな時間が広がった。

中学からは音楽とともに映画に嵌った。ドラマであればなんでも見た。映画へのときめきはテレビドラマの比ではなかった。田舎町の少年にとって映画館に行くのは容易ではなくテレビで見るしか方法はなかったが、映画がはじまると途端にその世界に没入した。あの頃は名画と呼ばれる映画がテレビの深夜放送枠でよくかかっていたから、深夜帯は濃厚濃密で素敵な時間となっていた。テレビドラマと違い、映画は凝縮し完成された時間だった。壮大でメランコリックなドラマが展開し、田舎町にいながらにして場所や時代の限定性をたやすく超えてしまう映画群は、私の心を揺さぶり魔力を持って染み込んだ。それは異空間への入り口となり、見る前と後では世界が違って見えた。

同じ頃、私が最も衝撃を受けたのはアントニ・ガウディの建築である。田舎町の、海外とは遠く隔てられた環境に生きていた私には、現地で見る術などあろうはずがない。父の読んでいた雑誌にその写真群があった。私が目にしてきた建築物とはまったく異なって、色彩豊かにうねりまくる、生々しい有機物、まるで生命体らしきたてものだった。日本ではイメージできない異質性、壮大さ、時間感覚を備えた怪物に見えて不気味で恐ろしく、けれどその快感が私の脳裏に焼き付いて離れない。私は、写真のなかのたてもの内部にいる姿を繰り返し夢想した。巨大恐竜の腹のなかのようで、内臓に触れればボコリと凹んでしまうかと思えるほど生々しい感触を想像しながら、私もまた、そんな建物が作れる建築家になりたいと夢見た。

ところが大学には映画を作ろうと思い入学する。きっかけはフェデリコ・フェリーニの映画「アマルコルド」。私の映画常識を覆し、その可能性に驚き、魅せられた映画である。テレビの深夜映画はストーリー展開と俳優の演技で見せる映画ばかりだったが、受験直前に見たその映画にはストーリーらしいストーリーがない。にも関わらず、私は映画館のなか、不思議な気分に捕われ、呆然として身動きできなくなっていた。映像はイタリア、フェリーニの故郷の町を背景に魅力的な画が次々と映し出され、少年時代の主人公による思い出が綴られる。しかしシーンの繋ぎ自体に脈絡があるのかないのか、ストーリーもわからないまま呆然として見ていた。たぶんモンタージュ手法にリズムを感じ、そこにニーノ・ロータの音楽が乗って来ると、途端にシーンが繋がって動き出したからだろう。人の表情の変化だけでも充分に楽しかった。それは、その時点まで見ていた映画とはまるで違った世界を映し出しながらも人間讃歌の映画だと強く感じさせた。映画だが音楽のようにすら感じた。しかしまごうかたなき映画。マイルスやドルフィー、コルトレーンの音楽やガウディの建築に興奮したのと同じ、独特の「新しい」言語、磨き抜かれた感性によって作られた独自言語だと興奮し、映画館を出たときには建築家になる希望は吹き飛んで、映画作家になると決意していた。

以降五、六年間は時間が許す限り映画を観た。フェリーニをはじめとして、ルイス・ブニュエル、ジャン・リュック・ゴダール、スタンリー・キューブリック、アンドレイ・タルコフスキー、テオ・アンゲロプロス、グラウベル・ローシャ……素晴らしい映画作家を発見しては狂喜した。彼らは競うように新しい映画のあり方を目指し、映画メディアでいかに語るかを実践していた。たとえばタルコフスキーは極端なほどのカメラの長回しを用い、通常ならば五秒程度でのズームインに二分以上もかけるようなゆっくりしたテンポで、映像が醸し出す時間そのものが見る者を異次元へと導いた（ちなみに「はじめに」で書いたスローの動きのワークショップはタルコフスキー映画からの影響もあった）。ゴダールは手持ちのカメラを多く用い、即興性を強く打ち出す演出で、カメラは手ぶれを起こしながらライブ感溢れた映像を作り出していた。フィルム編集を行うにも突如別世界に跳び、ときに脈絡を感じさせない。そんな作家を見いだす度に狂喜し、映画の可能性に胸躍らせた。映像でしか語れないことばが映像言語なら、私も新しい映像言語を作り出したいと、まだ見ぬフィルムへの憧れを悶々と抱いたのである。

では、映像言語とは具体的にはどんな言語か。カメラの設置位置、カット割りの方法、映像のカットによるリズム、ズームイン、アウトのスピード、ホワイトバランス、カメラの被写界深度、カメラの種類、扱いの方法、音の使い方、同時録音か後で音を付けていくのか、音楽の使用方法としてはそもそも使わない方法もある。光、色味、煙、俳優の使用法として俳優をとことんまで追い込む作家もいれば、骨組みだけを決め、あとは俳優の即興を最大限利用しながら作る作家もいる。こうした技術的な方法を駆使して作家自身の映像としての特徴を最大限示し、映画でしか成立し得ない作品として語る言語、それが映像言語だと言ってよい。さまざまな手法を用いながら独自言語を持った映像を作り出せなければ、〝新しい〟映画にはならない。

フランスではヌーヴェルバーグ、日本の日本ヌーヴェルバーグ、ブラジルのシネマ・ノーヴォ、ドイツのニュー・ジャーマン・シネマ等々、世界中で新しい映画を作り出そうとする機運が一九六〇年代から起きていた。多くの映画を観れば観るほど可能性を感じ、無限に楽しいメディアだと思い、私は私自身が作る映画を夢見ていた。

舞台作品を手がける

ところがひょんなことで舞台作品を作る羽目に陥った。やらざるを得なくなって一回きりのつもりで始めたが、どう作ったらいいかわからない。そこで本屋に行き、戯曲を立ち読みし、若さに任せた恐いもの知らずで台本をすぐに書き、演出し、一時間の作品に仕上げた。舞台の勉強は一切しないまま、映画のように作ればいい、映画も舞台も大きな相違はないだろうと高を括って制作する、と、多くの観客から賛辞を頂いた。が、快感と同時に嫌な感触も残った。しかしなにかは、はっきりしない。そこでもう一作品作った。二作品制作すると強い無力感が襲った。「映画のよう」には絶対に作れないのである。舞台は映画と違って、場面を変える度に、シーンに合った場所など簡単には作れない。映画ならモンタージュで一発。こんな単純な原理に気付くのに二作品を費やした。

そこで舞台作品を見てみようと初めて思った。最初は新劇系の舞台を見たがまったく響いて来ない。俳優の身体があり、演出があり、舞台美術も音楽もある舞台のはずが、戯曲文学に形を与えているだけだと感じた。ピンと来ない舞台美術と情感たっぷりに使用する音楽が恥ずかしさを増長させ、わざとらしい台詞の語り口が居心地を悪くした。そこで指向性を変え、〝新しい〟前衛的舞台芸術作品を立て続けに見て、やっと舞台の可能性に気づいた。

唐十郎の状況劇場、寺山修司の天井桟敷、鈴木忠志の早稲田小劇場等、強い印象を残した劇団はいくつかあったが、安部公房スタジオの持つ「言語」は白眉だった。それは安部自身が日本の小説家の先端を走っていたのも大きな理由だったと思う。ことばに対して真摯である文学者が、徹底して文学の焼き直しではない、新たな方法を用いて舞台作品を制作しようとしていたのだ。「人さらい」という作品では、「人さらい、人さらい」ということばの繰り返しとほんの少しの言語があるだけで、文学としての舞台作品化を拒絶し、総合的舞台を作っていたのである。

状況劇場のテント芝居も強く印象に残った。観客は純粋な客としてではなく、場を共有する人の役割を与えられた参加者だった。大地に立てられたテント内、地面に敷いたムシロ上に観客は身動きひとつ出来ないほどギュウギュウに押し込まれ、舞台上から水は掛けられるわ、唾は飛んでくるわ、快適性には程遠い。そうして最後に舞台背後のテント生地がグワッとめくれ上がるとクレーン車の回転するシャベル部分に跨って俳優が叫び、その向こう側にはネオン瞬く大都会が静けさを湛えながらカタルシスが襲ってくる、荒々しい祝祭性とともに全身体で感じざるを得ない舞台。天井桟敷や早稲田小劇場、転形劇場など、その頃、第一線で活躍していた劇団、舞踏グループの多くが、会話劇の範疇を軽々と超え、場と身体を十全に活用した新しい舞台芸術としての力を放っていた。

間違いなく文学の舞台化などではなかった。ときに力の入り過ぎた台詞は重苦しく、理念が空回りしている作品が多かったが、言葉を超えて、空間全体を用いながら新しい舞台芸術言語を生み出そうともがく姿は清々しささえ湛えていた。映像言語があるなら、舞台には舞台芸術言語がある、その言語を発見する途上に舞台作品制作の意味と喜びがあると私は確信した。

空間を作り出す建築家を目指し、次いで新しい映画作りを志望した過去があったから、人がいて、時間、空間を自らの手で作り出す舞台作品に面白さを感じたのだろう。加えて、中学時代以降、行ってきたいくつかの格闘技は、バランスを保ったり崩したり、瞬時に時空の感覚を変えて隙を見出しつつ勝機をうかがう競技で、それは人の身体運動の軌跡として舞台上でも大きなプラスになる、舞台上のムーブメント（舞踊を含む）への応用が充分に可能だと感じた。格闘技は一瞬が結果に繋がると同時に、見る者全員に波及して落胆させもすれば熱狂状態にも持っていける。この直接的な身体要素は舞台芸術の面白さに直結すると感じた。

こうして私は舞台芸術言語獲得の道を歩み始めた。

パパ・タラフマラを作る

一九八二年に舞台芸術作品創作のためのカンパニー「タラフマラ劇場」（一九八七年に「パパ・タラフマラ」と改名。以後は「パパ・タラフマラ」で統一する）を設立する。

「パパ・タラフマラ」は私の希望を込めた名称である。タラフマラはメキシコのタラウマラ族から採った。最近彼らは走る部族としてつとに有名になったが、当時は誰も知らなかった。パパは父親の意味を持たせつつPappaとpを重ねて書いて意味を薄め、音的に跳ねる楽しさを伴わせて、新たな可能性探求実践のトップに立つとの意思表示だった。

近代以降、あらゆる分野において分化が進んだ。分化は素晴らしい側面を掘り起こしたが組織的硬直化を生み、可能性の探求を押しとどめる役割をも果たした。そこで一九六〇—七〇年代に入ると分化ばかりではない新たな統合化が模索されるようになる。

一九八〇年代になると経済面でもまもなく限界を迎えるだろうと予測できた。強者と弱者に分かれて弱者から富を吸い上げる仕組みが資本主義なら、一九八二年の時点で限界が見え出し、遅かれ早かれ破綻は免れなくなる状態だった。人間は永遠の弱者であり続けたいとは思わず、民主主義社会ならば平等へと向かう意思を持つのは必然で、資本主義と民主主義は端から矛盾を孕んでいた。

当時、「メキシコ的なるもの」は、今後の世界を考える上で鍵を握り、タラウマラ族の不思議は現代を穿つ役割を果たすと私は考えた。つまり統合化し、調和化しながらも原点に立つ意識を持つのがメキシコ社会で、今後の世界のあり方を考えるとその哲学は大きな役割を担うと思ったのである。資本主義の限界が見えて来ると民主主義も怪しくなり、今では世界中で原理主義、覇権主義が蔓延している。しかし人類が破滅ではなく生存の道を選択するなら、対立型ではなく調和型の手法を獲得しつつ統合を図る方法を模索するしかない。「調和」から人間のあり方を問い、思考の根源に置いて機能させるべきであり、「メキシコ的なるもの」を考えるとは、創作の根源を考えるに等しい。またそれは未来を考えるに等しく、過去、現在へと循環する。私の今を形作ってきたのは、根幹にあったこの思考だった。

メキシコ的なるもの

一九九四年の初メキシコ渡航以前、一五年以上に渡り、彼の地は私の内面で燦々と輝く地であった。まだ見ぬ土地として幻影と妄想が勝手に膨らんでいた感はあるが、それをさっ引いても多面体的な土地として魅力を放っていた。

私が影響を受けたメキシコ関係の人物や事象を取り上げておきたい。

映画監督のルイス・ブニュエル。彼はスペイン人で、スペイン時代に目の眩むようなシュールレアリスム映画を撮っていた。しかしフランコ独裁政権になるとスペインから逃れ、メキシコに亡命、数多くの映画を撮影している。シュールで不気味な感覚、濃厚なエロスと死の匂い、ユーモアに溢れながらも深いリアリティーが共存した映画は、メキシコの環境によって一層磨かれた。若かりし頃にサルバドール・ダリと一緒に撮った「アンダルシアの犬」、メキシコ時代の「忘れられた人々」、「皆殺しの天使」、「昇天峠」、「嵐が丘」など多岐に渡る方向性を示す作品群、その後の「自由の幻想」他……多種多様な映画が一人の監督から生まれた事実に驚くが、メキシコ亡命時代は資金的に相当厳しかったようで、低予算のために練り込みつつ撮る創作手法が取れず、インチキ臭さと素の力、即興力を加えざるを得なかった。しかしそれがプラスに働いた。たとえば「昇天峠」に出て来る列車はオモチャである。そのチープさはシュールレアルな喜劇へと転換させる要素となり、映画に出て来るメキシコ人俳優は嘘くささゆえの魅力を湛えていた。どこか安っぽさを備えて憎めず、シュール作品への転換装置と化してしまうのは土地の力が大きい。

壁画家、ディエゴ・リベラ。一九二〇―三〇年代に起こったメキシコ壁画運動の旗手のひとりで、その壁画はかなりぶっ飛び、メキシコのアイデンティティや神話、歴史的な事件等々を用いながら、多くの壁画には数多くの人間がデフォルメ化されて登場、大時代的な人物から未来人間、あるいは装置が一体化して描かれている。壁画、「アラメダ公演での日曜の午後の夢」の人物は、一人残らず一癖も二癖もある顔をし、威張り腐った男や情けなくうなだれるおっさん、エロス満開の女たちが喜怒哀楽を露わに居並び、彼ら群衆に混じって骸骨がすっくと立つ構図である。神話性を伴い、死を内在化させながら陰鬱にはならないシュールさがある。それはリベラに限らない。オロスコにせよ、シケイロスにせよ、当時のメキシコ壁画運動に関わった芸術家に共通する人間認識であり、歴史感覚であった。

メキシコでは時間の断層が薄くなる感覚が襲う。死も生も、スペイン人による侵略も混血も、あらゆる事象を取り込んで溶け合っているかのようだ。骸骨を描くのは芸術家の専売特許ではなく、どんな小さな街でもニュッと顔を出す。そこかしこで見かけるは骸骨もどき。

日本のお盆に当たる「死者の日」がメキシコにある。毎年一一月一日と二日は街が骸骨だらけになる二日間だ。一七年前、「死者の日」が始まる前夜のこと。メキシコシティでの公演が跳ねたあと、中心地ソカロへと向かった。巨大な骸骨街が築かれると聞いたからで、翌朝にはサンパウロに出立する予定だったためその夜は逃せなかった。静まり返った真夜中の中心地にたくさんのテントが立ち並び、すべてがテントに隠されて翌日の開場を待っている。忍び足でテントの隙間から内側を覗いて回った。どきどきしながらテント内を見る。墓場だった。墓守がいる。と、骸骨だった。真ん中に一台のバスが止まっている。覗けば、運転手も車掌も客もみんな骸骨。次々と覗く。パン屋の親父も葬儀屋の旦那も子どもを叱りつける女も骸骨。町の住民はおしなべて骸骨。どのテントにもたくさんの骸骨が生きて、骸骨の町がメキシコシティの中心部で人間界と鏡合わせに存在していた。鳥肌が立ちつつ爽快だった。私は興奮して、覗いては次へ、また次へと移っては覗く。四季を備えた湿潤気候の文化圏に住む私から見れば、乾いたカラカラの骸骨はなんとも可笑しい。乾き切った気候、鮮やかに彩られた自然、色彩豊かな町のなかで真っ白な骸骨を見ると清々しく痛快である。人間も歴史も欲望も笑い飛ばしながら骨は毎日の営みを送っているようで、私は幻惑感のなか、身も心も軽く翌朝の移動をすっかり忘れて何時間も走り回り覗き巡った。

学生の頃、メキシコの田舎の写真を見ていると不思議な気分に囚われた。時間が消えていく感覚だ。その一五年後、やっと訪れることができた。メキシコの田舎道はスコーンと真っ青な空に向かって抜けている。風はたまにゆらりとやって来る。両脇を巨大サボテンに覆われた赤茶けた道を、太陽の熱に焼かれ空の青みに染まりながらひとり歩くと、道は果てなく続く迷路地獄の入り口かと思えて来る。

私は五大陸を歩き、熱帯地方にもかなりの頻度で訪れた。それでもメキシコの熱は他の熱帯の熱とは違った感触があり、ゆっくりと染み込みながら私を溶かしていくかのようだった。

ユカタン半島の街、メリダ。一六年前。この街には冷房なんて代物は当時、どこにもない。部屋にいても熱にやられ、逆らわずにじっとり潜むだけ。夕方になるとほんの少し涼しさがやって来る。と、夜毎、祭が開かれる。音に誘われて、ふらふら街の中心部に出て行く。薄暗い電灯が壁の賑やかな色彩を浮かび上がらせ、たむろする人々は音と熱に浮かれて踊り、跳ね、歌い、笑いに満ちてはいるが、どこか朧で、私は生と死の中間地帯に立っている気分に陥った。この気分はメキシコ人作家、フアン・ルルフォの小説『ペドロ・パラモ』の登場人物である地中の死人が、浮き世の亡霊を眺めているかの如き感触か、と思った。夜の祭から戻ると、メリダは死者しか住んでいない街ではないかと妄想し、幻惑世界に建てられた街のように感じた。小説の一節……「後に残るのは、いくつもの影。そして影から聞こえてくるささめき」。……幻の漂う日常がメキシコのそこかしこに存在していた……。

フランスの詩人、哲学者、俳優、演出家のアントナン・アルトーは、著書『タラウマラ』にて、タラウマラ族が居住するメキシコ北部の奥深い山岳地帯コッパーキャニオンを詩情豊かに書き記している。彼らの風俗やら居住地の光景は幻惑的であり、ペヨーテというサボテンを幻覚剤として用い治療や儀式に使う。そして桃源郷のような光景が出現する一帯としてアルトーはその地を描いた。たとえば次のような光景「山全体が黄色く揺れていたかと思うと、その山が揺らめき空中に舞い上がる……」。蝶の大群がもたらす現象だが、そんな幻惑性がそこかしこで展開される場として描かれていた。タラウマラ族は走る北部メキシコ山岳民族として今ではよく知られているが、今から三五年前に知っていた人はわずかで、はじめてこの本やガイドブックで知ったときは心底驚いた。ボールを転がしながら、昼夜を問わず一〇〇キロ以上もの山道を走り続ける民族。近代以降の思想に固定化された現代人には考えにくい。もっとも通常のマラソン競技の二倍以上の距離を走るウルトラマラソンの歴史は、一七世紀にまで遡れるそうだが、それにしても昼夜問わず山道を走り続けるのだから、モダニズムの合理性から遠く、前近代はもとより古代の感覚までをも含んだ身体のあり方としての生き証人でもあろう。「現代」の括りは不合理性を排除してきたが、タラウマラの居住地や民族はなにが合理でなにが不合理なのか、改めて問い直すに充分な鍵を持つと感じた。

孤独と創作の精神

メキシコの詩人、批評家、外交官であるオクタビオ・パスが書いたメキシコ人論『孤独の迷宮』に次の一節がある。

> メキシコ人は、インディオにもスペイン人にもなりたくない。彼らの子孫であることも望まない。彼らを拒否する。そしてメスティソとしてではなく、人間であるという抽象として活気づくのである。無の子となる。彼は自分自身から始まるのである。
> こうした態度は我々の日常生活のみならず、我々の歴史の流れの中でも表されている。その歴史には度々、根を断ち切ろうとする意志が見られた。これほど生きいきした、完全に伝統的で、根元と結びついた国が、そして近代史において乏しくとも、伝説的古さでは豊かな国が、その起源の否定としてのみ自らを知覚するとは、驚嘆すべきことである。

パス自身、メキシコ人だから言葉を半分に捉える必要があるにせよ、この言葉は魅惑に富んでいる。伝統が根っこに染み込んだ国で、伝統も起源も否定する態度とは、とどのつまり、否定しつつも否定しきれない伝統と不確かな自身との対決を不断に課すということである。伝統や起源を見つめ続ける意思を持たない限りできない作業だ。その上で受け入れつつも否定して次を探そうと試みる、真っ当でありながらアンビバレントな態度に他ならない。メキシコ的豊穣を考えるとパスの言葉は鮮烈に響く。今後の世界人のあり方を示し、人の根源性に触れる態度だからだ。芸術作品の創作も同じである。

多くの二項対立に引き裂かれてきた人間だが、赤ん坊を見れば、人間はいかに無垢の、なんの境界も感じていない生命体であると知ることができる。しかし、すべてが渾然一体化した、無知で宇宙的存在である赤ん坊は、成長して社会という魔窟に入り込むに従い、真実と虚構を明確に分化させ、明快な認識を持つように強要される。苦悩と喜び、賞賛と悪口、愛の実在と不在、断層と継続、歴史性と無時間性、生と死、明と暗、正義と悪、希望と絶望……二項に括りたがり、さらに自らが対立項を生み出しては、常に苛まれるよう、いつしか望んで選択するようになるのが私たちの性向である。社会は対立軸を無数に含んで成立するために、その社会と正対すれば孤独の淵へと向かわざるを得なくなる。一方、孤立を怖れ、孤独を嫌うのも人。そうなればなるほど、不確かな自身や社会との対決などしたくなくなり、自ら家畜化を望んでしまう。

絶望的性質を持った人間について考えていた学生時代、「伝説的古さでは豊かな国が、その起源の否定としてのみ自らを知覚する」ということばは、鉄槌の如く心に響いた。新たな芸術を生み出さんとする作業は徹底した孤独に沈み込まざるを得ない。言い換えれば孤独から新芽を見付け出して新しい命へと昇華させる作業を、唯一無二の立場で完遂する仕事が芸術的行為だ。私はメキシコ型孤独を、創作へと向かう姿勢の原点に据えた。

こうして舞台芸術作品創作のためのカンパニー、パパ・タラフマラを船出させ、ちょうど三〇年の航海の後、二〇一二年にカンパニーは役目を終えた。次はカンパニーの枠を超えて、一層の広がりをもたせようと「小池博史ブリッジプロジェクト」を発進させている。新たな調和をもたらす場の創設を目的としての設立だった。

舞台芸術の難しさ

私が考えた舞台芸術とは、舞台芸術としてしか成り立ち得ない言語を獲得した芸術である。では「舞台芸術としてしか成り立ち得ない」とは具体的にどういうことで、なにを持って「舞台芸術」を規定するのか?

「舞台芸術」という言葉はある。英語では「Performing Arts」だ。上演芸術のことだから音楽演奏会も「Performing Arts」に入る。しかし日本では通常、音楽演奏を「舞台芸術」の範疇には入れないので除くが、舞台作品を総称するにはこの言葉しか当て嵌らない。ならば実体はどうか。舞台芸術は総称としてではなく、ジャンルとして成立しているか?

否。こんなジャンルはないに等しい。「演劇」、「舞踊」、「オペラ」等に分けられ、それらを取りまとめる総称用語としての「舞台芸術」があるだけと言って過言ではない。

舞台に関連する協会や団体は数多い。特に「演劇」や「舞踊」を名称の一部に冠する社団法人やNPO法人はかなりの数に上り、そのほとんどは舞台作品普及や保護のための団体として機能している。「舞台芸術」を名称の一部に冠する団体は存在するけれど、その名称を団体の一部に用いる場合、「演劇や舞踊などの舞台芸術を行う」との但し書きが付いた上で使用されるのが通例である。つまり団体名称はあくまでも総称でしかない。

高校、大学も同じ。舞台芸術学科はあるが、当の学科に入ってのち演劇専攻、舞踊専攻に分かれる。教師は演劇専任か舞踊専任で、総合的な「舞台芸術」は教えられない。

舞台芸術の賞はどうか。新聞社やさまざまな協会が主催する舞踊コンペティションは数多い。それは舞踊が思想性、ドラマ性よりも美技や新しい技術披露の方がはるかに重視されるため短時間作品として成立しやすく、数多く作品が集まった場合でも作品評価を行いやすいからだ。演劇はさほど簡単ではない。短時間作品では評価しにくい。ことばのドラマとして成立させるには三〇分以上の作品時間は必要で、審査員は多くの作品は見られない。よって作品コンペティションは成立しにくく、勢い戯曲賞が多くなる。戯曲ならば読む側はどこでも読め、時間的制約は小さい。そもそも日本での近代演劇の成立過程では戯曲を重視してきた歴史がある（「演劇」という言葉自体、頻繁に使用されるようになったのは明治、大正以降。ここで取り上げる「演劇」は明治以降の西洋から輸入され、派生した演劇全般を指す）。

一方、舞台芸術全体の賞はないに等しい。以前、朝日新聞社が舞台芸術賞と銘打った賞があったが今はなく、実際には演劇と舞踊の賞だった。舞台作品を批評するのは演劇評論家か舞踊評論家であり、双方向性はないからどうしてもそうなってしまう。舞台芸術評論家はいないのである。演劇、舞踊の枠が嵌められて、互いに立ち入りを難しくしている。

美術評論、文芸評論、映画評論……等、ジャンルのまとまった形の評論はあり得ても舞台芸術の評論は難しい。なにゆえに溶け合わないのか。

「演劇」、「舞踊」というジャンルについて

「演劇」と聞いてイメージするのは、俳優が舞台上にいて、台詞のやり取りによって進行する作品だろう。「演劇」を解説するなら、「戯曲があり、それに則って俳優が存在し、プロデューサー、演出家が美術家や音楽家、衣装家とともに美術、音楽、衣装を決め、俳優に指示出しをして稽古を行い、最終的に劇場入りしてから照明家が照明を、音響家は音を調整し、時には舞踊家を使いながら作品として成立させる総合芸術」となるだろう。

しかし「演劇」を細かく紐解けば、多様な広がりがあると知る。戯曲がなくても「演劇」は成り立つ。演出家、美術家、衣装家、音楽家、照明家は必須要素ではない。俳優は役者とも呼ばれる通り、与えられた役を演ずる者だが、与えられた役があるとは限らないのが演劇。そこで指示された役があればその役を、ない場合でも「彼（彼女）はどういう人物か」を自ら創造しつつ演じる。また設定だけがあって、あとはすべて即興で行う演劇もある。即興劇はエチュードと称されて即興的に場面を生み出し、瞬時に他者との関係性を築く訓練になるからよく稽古で使われる手法だ。ただ、これをメインに見せる劇団もある。

台詞があるとも限らない。無言劇がある。舞台上に俳優がいるのが演劇だと断定はできない。文楽のような人形劇や影絵芝居がある。演ずる人はいるにせよ、仮面を被って演ずる能楽のような仮面劇があり多岐に渡るが、舞台には演じ手がいるのが演劇の基本だ。人形劇や影絵劇にせよ人形や影絵の操作人が影の演じ手として存在する。

一方、「舞踊」は名称通り、舞い踊る。ほぼこれで言い尽くしている。が、舞い踊り方はさまざまで、世界には多様な踊りがあり多くは音楽に合わせて踊る。現代の「舞踊」作品には振付家が存在し、舞踊家に細かく動きを指示して踊らせる場合が多い。ただ舞踊家自身が振付を行っているケースもあれば、振付家はおらず即興で動きを紡ぐ舞踊家は少なくない。基本は踊りで舞台を見せるという意識を振付家、舞踊家は持っており、踊るためのスペース確保が必要で演劇のように舞台を飾り立てるケースは少なく、シンプルな舞台セットである場合が多い。もちろん絶対ではない。多くは音楽を使いはするが、音楽や照明、衣装もまた現代舞踊では必須事項ではなく、自在だ。

西洋発祥のバレエ、モダンダンスはもとより、日本舞踊、琉球舞踊をはじめとして、世界中の地域毎、民族毎に個別の舞踊がある。多くの民族舞踊には戯曲とは異なった舞い踊るためのあらすじがあって、ひとつひとつの指の形や足の運び等、形や動きに細かく意味を持たせている。だが近代以降の西洋型舞踊は大きく異なり、指一本の意味を指し示すような細かさはなくなって、全身体的ムーブメントの可能性追求へと変わった。また、舞踊作品ではことばの使用が禁じられた時代は長かったが、一九七〇年代から舞踊作品のなかに少しことばが盛り込まれるのが特殊ではなくなっている。

「古典」についても言及する必要がある。能楽や歌舞伎、昆劇、京劇、クーリヤッタム等々、さまざまな古典の舞台作品が世界には存在している。しかし古典劇と言ってしまうと一般的には近代以前のヨーロッパ演劇を指すから、ここでは単に「古典」と括りたい。ヨーロッパ古典以外であれば、古典の演者には基本としての舞踊があり、台詞を語るより表現要素としての歌がある。台詞はあっても節が付く。それから古典作品では音楽家はセットになっており、音楽要素は重要な舞台芸術表現要素である。

以上が演劇、舞踊というジャンルの概説である。しかしこれらジャンル内においてもきわめて多様な様相を呈して枝分かれしており、なにが演劇で、なにが舞踊かを正確に語るのは難しいが、それでもジャンル内で厳格に根を張っている。その一方では、演劇、舞踊のみならず、いくつかの芸術ジャンルを横断しての共同作業は珍しくない。だがトレーニングに関しては、日本では現代演劇を行う俳優は舞踊トレーニングをわずかに、あるいはまったく行わず、舞踊家も踊りのみに専念して演者としてのトレーニングは行わない。もしコラボレーションと称しての「逸脱行為」を実施したければ、ジャンプして別ジャンルとの共有空間を作るが、終われば再び元の鞘に収まる。領域は崩れない。特に西洋系の舞台芸術概念が強い地域、国、あるいは「伝統」が破壊されてしまった国ほどその傾向が強い。

「演劇」、「舞踊」のはじまり

「演劇史」を紐解くと、「演劇」は宗教的神事に由来し、豊穣、誕生、飢饉、死……あらゆる祭事や儀式に際し、舞い、歌い、寿いだことが始まりとされる。今でも祭事で重要なのは節の付いた歌や踊りであって、「舞い踊り」が次第に劇要素を持つようになり演劇化していった、つまりはじまりから演劇は舞踊を含み、分化していなかったということだ。沖縄では子どもに芸事を習わせるとき、まっさきには琉球舞踊であり、三線等の楽器である。踊りと音楽だ。その後、興味が続くならば、沖縄の伝統演劇である組踊りの役者になる人が出て来る。能楽の中心となる技術は舞と謡である。それらを用いて猿楽、のちの能楽という芸能が発達していった。マレーシアで見た憑依舞踊、クダ・ケパン

化でその境目はまったく分からない。一方、現在の舞台作品は、ほぼ明確に分化している。ここでは演劇、舞踊は未分かで次々と動物や龍にトランスし、場は秘儀空間、即興的劇空間と化す。きわめてシンプルな音楽に乗って現れる。踊りながら徐々に儀式化、演劇化が図られ、混沌とするな（「馬の流れ」ほどの意味）は以下の通りである。若者たちが馬の形をした書き割り状の板に股がり、

分化はいつ始まったか、それを検証する前に認識しておかなければならない課題がある。一般的に「分化」は言語化により推し進められてきた。舞台芸術も同じで、「演劇」、「舞踊」、「オペラ」、「ミュージカル」等のジャンルの形がうっすらと見えて来た段階で、それらに名称を付け、差異化を図った。意味を持ったことばは、成立し広まり出すや威力を持ちはじめる。ことばがない、あるいは曖昧な状態であれば複合的に見ざるを得なかった状況が、名付けられたことで枠が嵌められ規定される。つまり「演劇」は演劇らしさの追求が行われ、「舞踊」は舞踊、「オペラ」は音楽劇としての特質を前面に打ち出すべく、作品を鋳型のなかで発展、進化させてきた。

ことばは人類の前進に大きく寄与した。人類にとって最大の発明品と言ってもいい。だが大きなイメージの飛翔を果たす一方、限定する方向にも働いてしまう特徴を持つのがことばである。

昔、シベリアのサハ共和国のヴォイス&口琴奏者に寒い日の風の音を出してくれ、と頼んだことがある。すると「寒い」だけじゃわからない。風はどこを伝って来るのか、山なのか湖なのか、時期はいつか、気温は何度か、氷点下二〇度と五〇度では全然違う。風の強さによって寒さの感覚はまったく変わる。状況により声の出し方は千差万別……と嗜められた。サハ共和国はロシア連邦に属し、世界でもっとも寒い国として知られ、年の半分は氷点下の世界で、首都ヤクーツクでは氷点下六〇度以下になることもあるという。ところが夏になると四〇度にもなり、年間寒暖差は一〇〇度を超える。

一日の平均気温が一〇月から翌年四月までの七カ月間は氷点下になるから、多彩な寒さとの付き合いが彼らの生活だと言って過言ではない。「寒い日の風」のひと言では生活環境を無視するに等しい、と、私は無知を恥じた。

その環境では寒さを表すたくさんのことばがあり、置かれた状態を具体的に言語化すればするほど音に変換し易くなるのは当然だ。日本でも同じ。日本には環境の状態、状況を感じさせる多くの擬音語や擬態語、擬声語がある。これらを聞けば日本人はすぐにその状態を思い浮かべられる。「さらさら」、「さくさく」、「しんしんと」、「パラパラ」、「ざあざあ」、「わんわん」、「ぺちゃくちゃ」、「よろよろ」、「きらきら」等々……これらのことばが突出して日本には多く、その音が情景と密接に結び付き私たちの記憶に強く染み付いている。

ことばは文化を育て、理解を助け、可能性を作り出すが、その一方で、イメージを狭めてしまう役割も果たしてきた。鉛筆と聞いて思い浮かべるのは一本の筆記具であり、皿と聞けば料理を入れる平たい器が頭に浮かぶ。むろん相違はあり、陶器、磁器、漆器……ずいぶん違った皿があり、木の器も土器もある。それでも平たい器であることに違いはない。こうした限定性の強いことばがある一方、感覚的な、あるいは意味概念が広いことばがたくさんあり、「美」や「醜」、「時間」、「空間」、「寒い」、「暑い」……等々のことばは、置かれた環境により広がりも狭まりもする。

ことばは記号でありながら、強く感覚的な役割を担い、だから誤解が生じ、勘違いが起きる。私たちの日常生活のそこかしこですれ違いや誤解が付いて回るのは誰もが経験済みだ。さらには意図的に勘違いを起こさせるのも可能になる。ここがとても厄介であるとともに面白く、だから映画や舞台では喜劇や悲劇を作り出せる。

「演劇」・「舞踊」はいつから使われたことばか

「劇」ということばが「舞い」のあとに生まれたのは間違いあるまい。神を讃えたり、神の怒りを鎮めたりするために音や舞いを用いた神事が儀式性をともないつつ劇化していったと考えられるからだ。「舞」の字を白川静の『字統』より紐解くと次のように表記されている。「無は舞の初文。のち無が有無の無に専用されるようになって、下に舞形を示す舛《せん》を加えて舞の字が作られた」と。
「舛」は「夊」(右足)、「ヰ」(左足)から構成されて、各々が別の方向に進み不安定であるさまを表す。すなわち何もないところに足が踏み出されていくさまが舞になったのである。

日本で「演劇」が使われる以前に使われたことばは「芝居」であった。芝居は今でも使われており、特別不思議な感覚はない。ただ、近世に「芝居」と称されたのは歌舞伎である。歌舞伎成立以前は、室町時代の猿楽、田楽等に使われたことばで、芝で客席が囲われていたために使用され、舞台全体を指した。「演劇」は江戸時代にはわずかに用いられたようだが、広まったのは明治以降。西洋演劇が入って来て、演劇改良会が発足(一八八六年)し、その後自由劇場(一九〇九年)等が作られて以降で、目指したのは西洋型演劇である。以前の「芝居」は楽劇であって、舞踊、音楽、演劇が一体化していた。しかし同時に西洋からオペラが入って来ており、歌劇は歌劇、演劇は演劇という道が作られた。大正時代に築地小劇場が発足(一九二四年)してのち、演出家、小山内薫は「歌うな、語れ。踊るな、動け」と演出中に絶叫し続けたという。舞踊を排除し、節回しの付いた歌を禁止。こうして日本の演劇は「語り」が重要視されるようになっていく。小山内の考えた近代演劇は、語るための戯曲を優先し、戯曲を正しく表現する媒介として演出があり、演出に基づいての演技がある舞台作品であった。この流れは未だ強く演劇界を覆い、観客の意識に染み付いている。

そもそも舞踊と演劇はかなり一体化していたが、それを「語り」と「動き」の舞台作品に特化しようとしたのは明治時代からで、大正時代に加速。西洋型の方法が入り込んで、西洋風に舞台作品は演劇化し「演劇」という枠を嵌めた。「舞踊」はそもそも「舞う」、「踊る」という人の持つ根源的要素で原初性を持ち、人の営みのはじまりから存在した形態で、時代を経る毎に演劇的な要素が付いていった。台本が付加され、歌が歌われて包括的舞台芸術となるが、「演劇」が演劇として特化されると、「舞踊」は踊り一本やりになる。つまり西洋の舞台思想が入って「演劇」、「舞踊」、「オペラ」等の分化が促され、次第に定着して近代化、現代化し、ほぼ誰も疑問を持たなくなった。

「分化」の功罪

近代以降、「分化」は一気に進んだ。近代以前から分かれていた芸術は多々あり、一括りにはできない。が、西洋近代思想は産業革命以降の発展と分化を強く推し進めた。

分化が進めば特化した技術を高めやすく、理解が進みやすい。専門化すればより深い部分に到達できる。科学、医学、芸術、スポーツ……あらゆる分野が細かく枝分かれしたのは、より高度な技術によって精密な分析を可能にし、より深い探求を欲したからである。たとえば東洋医学の基本概念「身体は一個の宇宙である」との認識を持てば、身体をまるごと知らなければならなくなる。しかし部分の集まりとしての身体ならば、身体の概略は知る必要はあるが集中的に部分についての認識を深められる利点が生まれる。
また、近代以降は産業革命により科学がもてはやされるようになり、一気に情報量を増大させた。「変化し、新しさを求める態度」が是とされ、世界は必ず良い方向に向かうと信じるようになって、産業革命が起きる前とは世界認識がまったく変わった。専門化が計られ、レオナルド・ダ・ヴィンチのような総合的科学者、芸術家の出現はあり得なくなった。

舞台作品も分化によって大きく変化している。演劇は「歌わず語り、踊らない」、台詞を用いた舞台であり、舞踊は踊りの舞台、オペラはベルカント唱法の歌のための舞台、ミュージカルはあくまでも娯楽の一端を担う楽しい歌と踊りのショー的歌劇、このように分化され、名付けられた。「演劇」、「舞踊」、「オペラ」等々、どのフィールドでも美術や音楽を用いるのは一緒だが異なるのは身体のあり方で、ジャンル内に留まる限りトレーニングは当の分野だけを行えば済むようになって総合的身体開拓の必要性は薄れる。付随して多くの専門家が生まれた。俳優は俳優だから踊りはできない、舞踊家は台詞や歌は無理、オペラ歌手が踊るのはあり得ないと済ませられた。演劇の演出家は台詞からいかなる関係性を作り上げるかに注力して全体を見ようとし、舞踊の振付家は振付を中心に世界を築けばよくなった。それが当たり前になると分野的特化が既定路線に乗る。専門家としてのプライドが育まれ、その組織が形作られるに伴って組織が力を持つようになると、分野は確固たるものとして誰も疑問を持たなくなる。これが分化の本質的な問題だ。まるごと世界を捉えられなくなる。身体トレーニングの分化によってジャンル分けが図られ、舞台芸術の持つ根源的総合性は希釈される。

西洋と日本の舞台芸術を紐解く

西洋ではルネサンス演劇が盛んであった一六世紀半ば―一七世紀半ば以前の約一〇〇〇年間、演劇はキリスト教によって禁止させられ、実施されていたのは宗教行事としての神秘劇のみであった。すなわち西洋演劇の歴史はギリシャ演劇、次いでローマ演劇を経た後の一〇〇〇年後から新たにはじまった。この、大きな空白期間を持つのが西洋の演劇である。

紀元前六世紀頃にギリシャ演劇は生まれた。原型になったのはディテュランボスというコロス（集団）による物語的な歌合戦で、歌劇からギリシャ演劇が生まれ、そのいくつかは戯曲として未だに読まれ演じられる。エウリピデスやソポクレスが代表的な作家として知られる。この演劇形態はローマ演劇へと受け継がれたが、後にキリスト教が欧州全域に行き渡ると、演劇の持つ批判性ゆえにキリスト教会から禁止され、一〇〇〇年後にやっと復活を果たす。非常に大きな断絶であっただろう。ギリシャ演劇の戯曲を読む限りでは、当時すでに西洋演劇としての、戯曲中心の台詞による創作形式が出来上がっていたと考えられるが、その設立過程から類推するに、単なる台詞劇ではなかったと思われる。

西洋で演劇を禁止していた七世紀頃の日本の舞台芸術界は、中国から伎楽、舞楽、散楽が入り、もともとあった芸能に影響を与え、神楽、雅楽などが生まれていた。以後、継続的発展があり、田楽、猿楽へと形を変えて行く。再び西洋で演劇活動が行われ出したルネッサンス期は、日本では室町時代の終わりから安土桃山時代を経て江戸の初期に当たる。猿楽は室町初期に観阿弥、世阿弥によって完成した芸能だが、一度、衰退した後、安土桃山から江戸時代にかけて再び将軍の庇護を得るようになって発展。その一方、江戸時代最初期に出雲のお国がかぶき踊りによって人気を得た後、女性演者が禁止され、変化して人気を得たのが歌舞伎である。そして一七世紀終わり頃の元禄期に歌舞伎は一気に開花した。

歌舞伎という芸能はその名の通りで、歌と舞と伎の舞台。「歌」は音楽。三味線音楽を中心に「唄い物」と「語り物」に分けられるが、「唄い物」の代表は「長唄」であり、後者は「義太夫節」で、強い音楽色を持っている。「舞」は舞いであり、「伎」は演技のこと。つまりこれらの要素が保たれつつ、劇場は舞台装置によって工夫が凝らされた総合的なスペクタクル舞台芸術空間として作られた。猿楽は派手な舞台装置はないが、舞台形状がすでに幽玄性を持った空間性を誇示し、音楽、舞踊、語りを用いた複合性の強い舞台となっていた。

西洋のルネサンス期（エリザベス朝、ジェームズ朝、チャールズ朝を指す）に登場したのがシェークスピアをはじめとした多くの優れた劇作家であり、戯曲は目に見える形で残った。これが西洋演劇を隆盛に導いた要因のひとつである。また、あの膨大な台詞を用いるなら、歌にするのは厳しく、演者が語る舞台であったと知れる。つまり他地域で発達した歌舞を中心とした「舞台芸術」に対し、ルネサンス期以降のヨーロッパで再度日の目を見るようになった「語りの舞台」が、ジャンルとしての「演劇」と規定された。

残った文字以外のことばは消え果て類推するしかない、これが世界の歴史だ。文学としての戯曲は文字で書かれた。その後ヨーロッパ文明の発達とともに印刷され、ヨーロッパ諸国の植民地主義政策と相まって海外へと広がり、世界中で知られるようになっていく。加えて産業革命を迎えるまでは後進地域でしかなかったヨーロッパが、近代化とともにあらゆる分野に於いて専門性を高めるため一気に分化が推し進められて頭角を現し、世界に君臨するようになった。

日本での「分化」は、明治以降、西洋文化の輸入後にはじまっている。ただ日本に限らず、世界中の古典芸能に接して知るのは、西洋が入った後に分化した歴史はあるにせよ、西洋型ジャンル分けの強固な古典芸能はないという事実だ。現在、古典舞踊に位置づけられる芸能はたくさんある。ただ、どの芸能も演劇要素が含まれ、舞踊や音楽と一体化している。

西洋から輸入される形で分化が生まれてジャンル化され、専門化するなか、舞台芸術家としての総合的身体探求は不要となった。語る俳優としての身体、踊る舞踊家としての身体、歌う歌唱家としての身体を持つべくシステムもまた整えられてきたのである。

宇宙性を持った身体

なぜ人は踊り、演じるのか。演出という仕事は「人はなにか?」という疑問に対峙するに等しく、人を探ろうとすれば否応なく語り、動き、歌い、踊る複合的身体と向き合わざるを得なくなる。身体は、長い歴史を受け継いだ複合的記憶の受容体として今に存在している。そこで悲しみや喜びの発露として多様な身体ムーブメントが起きる。

微生物として生まれた生命体が変化し続けて人類に受け継がれた。私たちの身体に流れる血液は古代の海の元素やイオン比率と酷似しているという。古代の海中にはじめて誕生した命はなんと奇跡的な瞬間だったことだろうか。はじめての命はかすかな記憶を宿して次の生物へ受け継がれた。ほんのわずかずつ変化しながら生物の深層の底の底に残った記憶はゆるゆると引き継がれ、人類までバトンを繋いできた。動きも語りも歌も踊りもすべては長い時間をかけて堆積し育まれた記憶の結晶である。私たちの身体は宇宙の歴史をすべて背負い込んだ存在としてここにある。言い換えれば、この身体は小さな宇宙体なのだ。しかしそれを忘れ、身体を特殊化して分断化したのが、近代以降の私たちの歴史であった。

では宇宙性を持った身体とはどんな身体なのか。ときに驚異的な身体はこの世に出現する。いるだけで凄みを発揮する身体、驚くべき跳躍力を持った身体、まるで軟体動物のような身体、声を発した途端に場を引き締める身体、歌がその喉から発せられるや聴衆を桃源郷に誘って止まない身体もある。ただし、そうした身体は称賛されてしかるべきだが、人は歳を取るのが必然だからいっときの花に過ぎぬかも知れぬ。ところが舞台芸術では、「いっときの」身体を超え、表現の可能性を探る過程でさらなる進化が可能になる。本来の身体力とは年齢を味方に付けて可能性を高められる「持続する身体力」であろう。私たちの身体は響き合いによって高め合える、複合的な身体なのだ。人間は体内の響き合いにより技術の可能性はもとより心の可能性を広げる。たとえば声を出し続けながら踊れば、身体の力の抜け方が変わり呼吸を意識するようになる。声は身体の感覚を変えて、踊りそのものを変化させ得るのだ。身体が包括的宇宙体であると認識できれば、さらなる広大な地平へと向かえる。そして身体は遠い過去から繋がって未来を見据える容れ物となる。

総合芸術としての舞台

舞台芸術は「総合芸術」と呼ばれる。美術、音楽、衣装、照明、演者等の要素があって、同時進行で行われる芸術だから……と、ここまでは誰でも想像が付く。が、不足がある。

「一人の男がなにもない空間を横切る。それを誰かが見ている。そこに演劇における行為の全てがある」とイギリス人演出家、ピーター・ブルックは語った。このことばに演劇のみならず舞踊、歌劇等々、すべての舞台芸術作品の原点があるのは間違いない。むろん「一人の男」は「一人の女」に置き換えられ、この視点から広がりがもたらされる。何百人もの演者、巨大なステージセット、大勢の演奏家、衣装、照明がきらびやかに輝く舞台……いろんな作品があるが、すべての舞台芸術の最小単位は「強い意思を持ったひとりの演者とそれを見つめるひとりの観客」に他ならず、「見る者＝観客」と「見られる者＝演者」のインタープレイがあってはじめて舞台は成立する。

さて、では「総合芸術＝舞台芸術」の図式は正しいか？　否。「総合芸術であること」は「舞台芸術であること」の十分条件だが、必要条件ではない。つまり総合芸術ならば舞台芸術だが、舞台芸術だからと言って総合芸術にはならない。

昼日中、装置も照明もない自然空間で公演を行うとしよう。照明なし、美術なしを計算して昼日中に実施すればどうか。太陽が当たるべく演出し、背景がすでに美術の役割を果たせば総合芸術化しないとは言えず、計算はともかく、偶然が強い総合性をもたらす場合は少なくない。自然は空間全体を見事に変えて強いエネルギーを演者に注ぎ込むだけではなく、自然要素は絶大な力を持って見る者に迫ってくる。そんな作品を見られる幸運な観客がわずかだったとしても、総合芸術であることの支障にはならない。偶然が作用し、作家の思惑を超えた圧倒的劇性を生むのはライブで進行する芸術ならではである。

ひとりで演じ、踊り、照明の変化や音楽がない室内空間の場合はどうか。他のスタッフは不在、照明が一灯落ちているだけの空間では、総合芸術たり得るか。この場合、パフォーマーに他を圧するほどの力量が必須である。音がないのに音を感じさせ、黒い空間とその人物だけを照らし出す明かりしかないにも関わらず、空間の奥行きと時間の凄みを感じさせて止まない身体力だ。

昔、パリでマース・カニングハム・カンパニーの作品を観ていたときのこと。若手舞踊家の空疎な動きに辟易して劇場を後にしようとしたとき、足が悪く、踊れなくなったカニングハムが現れ、腕をゆっくり一周させた。瞬時に空気感が一変し、場はカニングハムを中心に躍動し出した。踊れない身体が強烈なエネルギー体となって踊る若手ダンサーを一気に活気づかせ、見ている者を虜にしたのである。このくらいの力量がないとひとりで場を異空間にはし続けられない。

「総合」は、美術や照明、音楽の「ある」、「なし」は極論すれば関係ない。「ある」と感じさせるだけの驚異的な力量が演じ手にあれば、たったひとりであっても場は総合化し得る。実際、そんな存在力を放つ演者はいた。しかし最高のテンションを保ったまま一瞬たりとも落ちることなく場を異界にし続けられた作品は観たことがない。一時間以上見る者を虜にして離さず、かつ異様な存在として神的とも言えるほどの高い領域にいられるのは、人である限り無理なのかも知れぬ。可能性があるとすれば、年齢的には精神と肉体の調和が取れる三〇代後半から五〇代の成熟期が最大のチャンスだろうが、果たして可能か。

舞台芸術が「総合芸術」になるには、ひと言で言うなら渾然一体性を作れるかどうかにかかっている。美術も照明も音楽のあるなしは関係ない。だが偶然性やひとりの強烈なパフォーマーに頼らず、空間を作り時間を生み出し身体を混ぜ合わせるには、それら要素が絶妙に絡み合うべく細かな調整を図った方がはるかに可能性は高くなる。舞台は錯覚を生み出す装置なのだ。特にレパートリー化を目指す作品の場合、偶然性には頼れない。要素の組み合わせから効果的な時空間を生み出し、「渾然一体性」を作り上げようと検索することが肝要である。

要素としては以下の通りだ。その場にある大道具、小道具、オブジェ、場そのもの、光、パフォーマー……等々の空間要素。足音、空調音、自然に鳴っている音、音楽、パフォーマーの動きに要する時間、声、オブジェの動き、光の動きに要する時間要素。場に存在するパフォーマーのまるごとの身体要素。これらが渾然一体となって舞台芸術の場が作り上げられる。そこで演出家として大切なのは空間認識、時間認識を強く持ちながら不断に空間、時間と対峙し、パフォーマーの身体を感じ取り、またパフォーマー自身も相互の関係性を強固にしつつ、動きやことばや声を生み出すよう努めることである。すべてのモノ、時間、人が自己を主張しながら他の要素と一体化させ、個々の要素を絶妙に溶け合わせること。要素の単なる並列化では「渾然一体性」など生まれようがない。舞台は誰と行おうが多層に渡る協働行為なのだ。なにかを生み出そうとして共通意識を持ち、いかに協働し溶解し合うか、意思と方法の所在を明確にする必要がある。

舞台創作作業を纏めると次のようになる。舞台芸術作品を作り出そうとする場との対話、刻一刻と変わりゆく時間との対話、舞台上に存在する演者同士の交感、そして舞台と客席の間の妙なる力を感じ取りながら行われる対話……これらが舞台創作作業であり、それらを行った結果として生み出されるのが舞台芸術作品である。つまり対他者、対モノ、対時間、対空間、対自分というコミュニケーションによってのみ成立する、同時間軸、同空間軸のなかで展開されるのが舞台芸術作品なのである。

よって舞台芸術の持つ情報量はきわめて多くなる。要素の多さを観客に悟られないようひっそりと動かすことが大切だが、情報量の多さは必然性を伴いつつ、知らぬ間に観客に混乱や理解しにくさをもたらしてしまう。しかし観客側が全感覚的、全方位的な感性との対話感覚を持てるならば、対応はまったく難しくない。それがあって総合的舞台作品は認知され易くなり、新たな世界観の提示を可能にする。

第二章　舞台作品を演出する

はじめに映画芸術と舞台芸術の相違を示そう。映画と舞台作品は似通ったメディアだが、根本的な違いがある。相違の検証をした上で、舞台演出の特徴について詳述する。

映画と舞台芸術空間

映画、特に劇映画と舞台は似た要素が多い。映画には記録映画、ニュース映画、ドキュメンタリー映画、アニメーション映画等さまざまな種類の映画があるが、特に生身の俳優が演じて作品となるのが劇映画。それは時間芸術であり登場人物がいる点で舞台作品とほぼ一致している。ふたつの芸術形態は似ており共通点も多いが根本的な相違があって、それが舞台に強い特性と利点を与えている。映画は3D映画にせよ二次元であり、舞台は否応なく三次元、空間が存在する。これが舞台芸術メディア最大の特徴だ。

その上で舞台芸術作品と映画作品を比べてみる。まずは感覚的比較。どちらの方が面白く見られる作品が多いか。観客の絶対数は圧倒的に映画に軍配が上がる。映画は複製メディアとして流布しやすく、DVD等での販売、レンタルなどとても手軽に観られる。ではどちらの方が面白く観られるかだが、私が合格レベルに達していると思える作品数は高い比率で映画が勝る。私が舞台芸術家だから舞台作品に対して厳しい見方になりがちなだけではないと思う。

まず映画の利点について列挙し、概説する。

映画の利点

①定点に置いたカメラのズームレンズを用いることで、クローズアップ、ズームアウトが可能になる。

②フィルム編集により、瞬時に時空間を飛ばすことができる。

③カメラ自体を撮影時に移動させ、客席にいながらにして観客を臨場感のただなかに誘い込む演出ができる。

④簡単に虚構を作り出せる。

⑤複製されて多数の映画館での同時上映が可能であり、DVD等で販売されれば観る場を選ばない。

⑥古い過去作品の視聴が可能である。

⑦素人の俳優を使ってういういしさ、清新さを表現できる。

⑧フィルムにすべてを定着させられるので観客は常に作品の完成形が見られる。

実時間ではない限定された時間内に、私たちの実生活とは異なったもうひとつの現実を作り出すメディアが映画や舞台だが、以上、多大なメリットが映画にはある。

映画メディアでは「場」の限定性を取り払って縦横に飛び、イメージの飛躍をたやすく作り出せる。昼夜を瞬時に切り替えられもすれば、海中や空の上、宇宙の果てにさえ行ける。光や自然を作り出し、肉眼では見られない極小の細胞世界にまで人間が入り込んではドラマ化できる。時間の伸縮は自在で、太古の昔からはるか未来まで想像が及ぶ範囲の形化が可能。スーパーマンのように空を飛び、驚異的な腕力を誇り、人でない存在への変身も簡単だ。このように現実を遥かに超えた世界をたやすく現出させるのが映画である。だから視覚的単調さから逃れやすく飽きが来にくい。さらには俳優が下手でもごまかしが効く。初々しい素人の方が良いという映画監督もいる。俳優の技術は立ち居振る舞いに現れるが、寄ったり引いたりを活用すればまずい部分は覆い隠せ、出演者が素人でも成立しやすい。

私自身、映画の面白さを知ったのは中高校時代に見たテレビの深夜映画だった。テレビでの名画放送が助走となって、東京に出てきて後の爆発的な映画館通いがはじまった。現実的な問題や経済性は無視しているが、映画はメディアとして広がりが出やすいのは確かである。

多様な視覚的手法を用い、稚拙な演技のごまかしが効くならば、まずまずの満足が得られる作品は多くなる。飛び抜けた作品がそう簡単にできないのはどんな芸術ジャンルでも同じだ。

舞台芸術の利点

一方、舞台芸術の利点を挙げる。映画の利点として取り上げた順番と対比させたいと思ったがメディアとしての性質が大きく異なるため難しかった。

①演じる側、見る側ともに同一の場として、場が固定化される。
②どんな場所でも、作品の公演が可能である。

③見る者と見られる者の関係があって成り立つ。
④ライブ芸術として成り立つ。
⑤そのとき、その場限りでのみ成り立ち、唯一無二性がある。
⑥身体の力を感じさせられる。
⑦多様な時間をイメージによって成り立たせる。
⑧一般的には映画よりも音のレンジが広い。
⑨二次元メディアを内包し得る三次元メディアである。
⑩人の想像力が基盤となる芸術形式である。

こうした私が考えるメリットとしての列挙に対し、逆に、舞台は映画に比べていかにも制約が大きく、マイナス面が多いメディアだと感じられる人は多いだろう。特に①はメリットどころか大きなデメリットで、自在さから遠くなると考えるのではないか。舞台は常に重力に苛まれる身体から離れられない縛りがある。だが、映画も舞台もいかなる錯覚を観客にもたらすかが要の、目と耳と感覚による詐術を利用した芸術であり、その上でリアル感を生み出す芸術形態だと気づけば視界は一気に広がる。ただし両者の詐術方法はまるで違う。

たとえば黒澤明の「七人の侍」では、大雨のなかの対決シーンが描かれ、存分にその生々しい迫力が画面から観客に伝わってくる。あんな土砂降りのなかでの対決が現実にあり得るかどうかはさておき、強い雨やドロドロのぬかるみが見る側に緊張を強い、水しぶきやぬかるみに足を取られる侍に感情移入してしまう。舞台でこんな状況を作るのはきわめて大変だ。不可能ではないが可能性はほとんどない。そこで錯覚の例として、フランスの、人形を多く使うことで知られるフィリップ・ジャンティの作品「漂流」の一シーンを挙げておきたい。はじめに真っ暗な空間に人間が浮かぶ。そして次、はるかに大きな人間がその背後に浮かぶ。見る者はぎょっとする。最初に現れたのが人間に見えて、人形だとは思ってもいなかったからだ。次にまた巨大な人形が現れたと思ったら、これが実は人間だった……つまり、人の目の錯覚を利用した作りなのだが、これなどは典型的舞台作品としての詐術効果である。舞台と客席に距離があり、背景に黒い幕を使うことで可能になる詐術だ。

では、舞台芸術の詐術を具体的に検証してみたい。

舞台のメリットについて検証する

映画と舞台は根本的に異なったメディアである。私は映画監督になりたいと思った経緯があるから、その相違を痛烈に感じつつ意識的な舞台活動をしてきた。学生時代の最初期は映画のようにできないもどかしさでいっぱいだった。メディアが違うのだから同じように作れるはずはないのだが相違を芯からは理解できず、「映画的に」舞台を作ろうとして「不自由な舞台」にいらいらさせられた。が、「不自由」が最大のメリットと気づくや多大な可能性があると思い至った。

私が挙げたメリットの項目を舞台芸術側の視点からひとつずつ検証する。

①演じる側、見る側ともに同一の場として、場が固定化される

通常の舞台作品では舞台と観客席を固定するのが一般的だ。だが演じる側と見る側が同時に移動する場合がある。そして動いて後も見る側、見られる側に別れて舞台が成立するなら、場は新たに固定化されたと言える。

場の固定化がある種の不自由を伴うのは当然である。映画なら、たとえば東京からニューヨークへの移動は映像編集によって簡単にできる。それを舞台で表現しようとするなら、さまざまな表象的手法を採ることになる。東京、ニューヨークのセットを各々作り、それらを入れ替えて場所が変わったと示す方法。あるいは東京タワーの小さなオブジェを東京の、自由の女神オブジェをニューヨークのシンボルとして観客に意識させ、場の象徴として用いて空間の移動を感じさせる手法。ナレーションや音、現地の映像を用いる方法もあれば、舞台美術や小道具の類はなく、ことばや態度、衣装で場所を空想させることもできる。

「場を移動しつつ、演者と観客が一体となっての公演」には次のような例がある。一九五〇―六〇年代のアメリカを中心に世界各地で、街中を舞台にする運動が起きた。日本でも一九七〇年代に、寺山修司の「天井桟敷」が市街劇を何度か仕掛けた。俳優が移動しては一般人を演劇空間に巻き込む手法を使った舞台である。移動しつつ台詞を使い非日常的な事柄を仕掛けるのだから、観客は物珍しさもあってぞろぞろと付き従った。民家を訪ね、見知らぬ人々に話しかけ、不気味に突っ立ち、突如騒ぎだして舞台公演の一環とした。移動を作品構造に組み込めば、作品として成り立たせるのは難しくはない。

市街劇は実験的要素が強い。演者は一般人を巻き込んで劇化するが、巻き込まれた観客は演者になるわけではなく、知らぬ間にハプニングの一部に組み入れられて観客という役割を与えられた存在にさせられる。しかもこの「観客」は興味が続く限りは観客としての演者となって本物の演者と一緒に能動的に移動することになる。であれば、そのとき「場は固定化された」とみなせる。

舞台表現はどんな場所でも可能だ。野外空間、室内空間をまるごと劇的空間に変えてしまうアーティストは一九五〇年代から今に至るまで途切れない。……ある原っぱで公演を開始し、俳優の導きで観客は駅に行き、電車に乗り、とある駅で降りて海辺まで歩いてフィナーレを迎えるが、この間ずっと演技は続いている……。スキー場のゲレンデの麓で公演が始まり、作品が進むに連れて俳優は上方へと登って行き、付かず離れず観客は移動しながら山頂までの行為を見守る……。演出家、ピーター・ブルックが一九七二年にアフリカで行った即興を主体とした実験公演ツアーは次の通り。……行く先々の大地に突然大きな布を敷き、あるいは布さえ敷かずに公演をはじめる、と、人々が物珍しさに釣られてやって来て見物する。飽きれば場を離れるが、飽きるまでは場と観客は一体になっている……。サーカス小屋や日本のテント芝居のように、移動可能な仮設劇場を設えての公演はもとより、カナダのシルク・ドゥ・ソレイユのような壮大な規模の仮設舞台空間を持ち歩いては長期公演を実施し、その場に大量の観客を集める例もある。即興舞踊や即興演劇ならば、ほぼどんな場所でも実施可能だ。すなわち観客と演者が一体化していれば場は「固定している」と見なせる。

「舞台芸術であること＝固定空間に存在する」がアプリオリの舞台作品の条件だとすれば、「固定」からいかに自在性を生み出すかが問われる。そこで舞台芸術は場所固定をテコにしてさまざまな手法を編み出し、観客の想像力をかき立たせるべく仕組んできた。「固定」が壁を超える表現でなければ、舞台芸術が数千年も続くはずがない。「固定」は演出的工夫を生み出し無限の表現を可能にしてきた。

舞台芸術作品は詐術的テクニックによって、ただの空間を幻視空間に変える。たとえば、別空間のみに光を当てた刹那、すぐに光を切り返すと場が一変している……等々。カナダ人演出家のロベール・ルパージュは映像を多用して現実との絶妙なミクスチャーを図り、なにが現実か分からなくする作品制作を行う。半球体の空間内部に映像が映し出され、俳優ルパージュが出入りする。が、映像と一体になったりならなかったりするため観客は幻惑され、その場が宇宙空間にも日常空間にも見えて、不思議な世界に放り込まれた感覚になる……。イメージの積み重なりが視覚や聴覚に混乱を起こさせ、結果、不足分を観客自らの想像力で補って、整序を取り戻そうとする回路を働かせる、すなわち目や脳の錯覚を利用しながら、観客の想像力を最大限引き出すのが舞台芸術の特徴である。固定された空間に対し、観客の想像の翼を羽ばたかせるべく仕掛けられれば、場は躍動し出す。

②どんな場所でも、作品の公演が可能である

舞台芸術作品はほとんどの場所で公演実施可能である。地面に布を敷いて舞台としたり、街中の民家を舞台に変えてしまったりするのはもとより、森の中、海上の特設ステージ、飛行機内、畑、四畳半の部屋、運動場、空高く打ち上げられた狭いバルーン内、ベッドの上、トイレ、船上、全員がポンプを背負って演じたり見られたりできるならば海中でさえ、また許可は下りないが東京スカイツリーのてっぺんに作った仮設ステージでの上演……等々ほぼどこでも可能である。宇宙空間や放射能漏れを起こしている原発内、爆弾が落ち続ける戦争地帯、演者も観客も生命の危機をまったく顧みなければ上演可能だ。

しかし一〇〇パーセント不可能な場所がある。人間が入れない場所だ。人が入れないほど狭い場所や、遠すぎて演者が豆粒くらいにしか見えない場所では、上演は不能か意味をなさない。また次の③の場合も同様である。

③見る者と見られる者の関係があって成り立つ

映画は観客がいようがいまいが関係なく、すでに映画フィルムとして完成されて存在する。しかし舞台芸術が成立する上で観客の存在は絶対である。演者が観客の反応を感じ取り、味方につけることで作品は成立する。観客不在のまま演じるのは稽古でしかない。つまり両者の間のエネルギー交換不能の場所では、舞台作品は作品として成立しない。たとえば、演者と観客の間にマジックミラーが入ってダイレクトなコミュニケーションが断ち切られてしまうような場では、舞台作品として成り立たないということだ。場所がどんな場所かは問わないが、演者と観客の間にある「見る⇕見られる」の関係性は必須である。宇宙空間でも可能と書いたが、演者が宇宙服を着て宇宙船外のスペースに、観客が宇宙船内にいて、演者側が宇宙船内の様子を感じられない場合は成り立たない。

この関係があるから、良い作品は観客によってさらなる高みへと登らされる。舞台作品は定量エネルギーを持つのではなく、観客との相互作用により、それを遥かに上回りも下回りもする観客参加型の芸術なのだ。

④ライブ芸術として成り立つ

もしも戦地のまっただなかで上演すれば、神経が振り切れる程の極端なライブ性が備わるから、実施する側はもちろん見る側も異様なまでの劇的効果が味わえる。爆弾が落ちて死人が出たならば興奮は極点に達しよう。古代ローマやマヤ、アステカなどで行っていた死を賭けた競技と同じで、死に直面するほどの劇性の極北に立てば、場の孕む力は極度に膨張する。

鼻白むほど稚拙な内容でも、ライブであれば情緒面での興奮を促し、内容自体はたいして問われない傾向がある。大声を張り上げメッセージ性のある分かりやすいことばを吐けば、辟易する人がいる一方、その扇動力に誤魔化され興奮してしまう人は少なくない。

私が舞台作品を観始めた一九七〇年代半ばには、身体をまるごと使った暴力的エネルギーに溢れた作品がたくさんあり、力で観客に迫った。しかし基礎訓練がいい加減で言語不明瞭、意味不明な作品も多かった。

その頃のこと。ある作品を観終え、異様な迫力に圧倒させられ朦朧となってテント劇場から出て来ると、汗まみれの俳優が口上を述べていた。迫力は凄いがなにを言っているかわからない。目を地面にやると通路脇に泥だらけの汚れた台本が落ちている。興味津々で拾って読んだ。と、驚くほど幼稚な台詞が並び、心底落胆させられた。言葉は不明瞭、でも音楽や暴力的身体の激烈さにより感情が刺激され、全体に沸き起こる熱狂の只中にいたのだった。

世に名高い演説の名手たち、たとえばヒットラーやカストロの演説は意味不明ではないが、高い劇性を放ち、小泉純一郎元首相の言葉も単純明快、強くコピー的であったがゆえに扇動力を伴って人気を博した。カリスマの演説は扇情効果により人々の興奮を促し、熱狂の相乗効果を生みながら場は興奮のるつぼと化す。ライブの舞台（特に音楽ライブ）を観て、若い女性が興奮し、時に失神してしまうのは同時空間にカリスマとともに存在するという劇的なまでの感情の高まりゆえである。

トランスダンスの場に私は何度も立ち会ってきた。最近では南インドで瞬く間に人々がトランスし、踊り出していくさまを見ている。鼻近くまで垂れ下がった黄金のマスクを被り、着飾った巨象が一〇頭ほど背景に座し、各々の象の上に三人の男たちが立っている。対面には七〇人のパーカッショニストと三〇人のラッパ型の長い楽器を吹き鳴らす楽隊員。両者に挟まれて数百人の男たちがいる。シンプルなリズム音楽を約一〇〇人の楽隊が演奏すると、音は破裂せんばかりに鳴り渡り同じリズムが繰り返される。音に鼓舞されて、最初は数人が少しずつ恥ずかしげに踊り出すが、踊りの輪はみるみる広がり、顔つきがどんどん変わってくる。一〇分後にはむさ苦しい男たちが皆、踊り狂い、興奮し、叫び声を上げ、目が潤み、愉悦感を漂わせながら音楽も踊りも狂熱性を帯びる……。

ともに同じ場にいて同じ時間を過ごしている、同胞感覚がシンクロナイズし、劇的効果をさらに押し上げていく。ライブであるメリットが最大限生かされるには、実際の演奏や演技の強度が関係するのは当然として、それ以上に舞台上にいる人物のカリスマ性が大きく関与し、共通の時空にカリスマとともにいることが自身を特別な存在へと押し上げる。ひとたびその感覚世界に入り込んでしまえば興奮は高まる一方となる。やはりインドのこの現場で音楽家の中心にいたのは、皆の尊敬を集め、畏怖されるパーカッショニストだった。

だがプリントされた映画ではこんな共振感覚は起きにくい。映画は既に撮られ、編集されたモノと観客は認識している。ドキュメンタリー映画でさえ作為は入れられると知っている。しかし舞台芸術作品では絵空事であってさえ、リアルな身体を伴いつつ、今、目の前で起きているという現実感が伴う。これは多大な強みである。一方の映画では観客を引きつける手段として、派手な効果や展開の速さが必要だと考える映画制作者は多い。特にエンターテインメント映画では派手で華やかな方が魅惑的に見える。

⑤そのとき、その場限りでのみ成り立ち、唯一無二性がある

ライブならば「そのとき、その場限り」にしかなり得ない。ビートルズの日本公演を生で観たほとんどの人々はそれを誇らしい事実と記憶し、当人にとって鮮烈な一生の思い出になっている。映像をいつどこで見たかは話題に上らないが、ビートルズを日本武道館で一九六六年七月一日（六月三〇日から七月二日の三日間に渡って行われた。あくまでも例）に見た、と具体的に覚えている人には複数人会っており、その後滔々とビートルズの話を聞かされ、話は当時の状況に及んだ。ライブイベントは情報を超えて体験として記憶に残る。もちろん良い作品、良い演奏であってこそ記憶化される（ビートルズの場合はプレミアチケットを購入して「実物を見ることができた」というだけで価値があった）。何度も見られない「唯一無二」性が、イベントを自身のアイデンティティにまで高めさえする。

これを映像で見たとして、そこまでの感慨には到底至らない。私もビートルズの日本公演はテレビで見た。しかし劇的イベントを見た感覚はなく情報としての記憶が残っているだけだ。

⑥身体の力を感じさせられる

身体は舞台を成り立たせる最大要素のひとつだ。リアリティーを持った身体の力があってはじめて、観る側に共振感覚を生じさせる。

舞台芸術のおもしろさのひとつは、驚くべき運動能力や声の力、トランスする直前の状態で保ち続ける人間の身体力等々、人の可能性を他者の身体を通して感じ取れるところにある。驚異的身体はダイレクトに自身の身体に訴えかけてくる。舞台上の演者が発する嘘のない笑いは、見ている方にまで笑いを伝播させ、人間技とは思えない技巧にはその身体が自分に乗り移ったかの如く感じさせる、直接的、感覚的なメディアが身体である。

⑦多様な時間をイメージによって成り立たせる

舞台作品創作に於ける時間操作は映像的操作とはまったく違う。実時間の流れと同時に脳内の作為によってなされるのが特徴だ。素晴らしい作品ならば想像力、妄想力まで加わって、実際に見た範囲を大きく超えた異次元性までをも生み出す。

音を瞬間的に切り返したり止めたりすれば、見る側は突然の変化に感じられる。身体動作のストップも鍛え抜かれた身体ならばブレをほとんど感じさせない。映像はピタリと止まる。照明や装置はさほど器用ではなく、物理的に数秒のズレが生じるが、他の要素とともに用いれば時間的断層を生み出すのは容易だ。しかしこんな技術面ではなく、人の脳に働きかけて、多様な時間軸を作り出しながら時間操作を行って作品化するのが舞台芸術の特徴である。

現在、私がアジア各国で二〇一三年から進めている「マハーバーラタ」シリーズでは、「静止の時間」を多用している。そもそもの「マハーバーラタ」はインドの大叙事詩で、世界三大叙事詩のひとつに数えられるほどの膨大な長さだが、私は骨格だけを残して各章一時間三〇分ずつ、計四章からなる作品としてすでに最後の章までを制作、あとは纏め上げるだけとなった。聖書の四倍もの長さの本を短時間作品に凝縮させるのだから困難と背中合わせなのは承知の上だが、可能にするためには瞬間を永遠に変える仕組みを作り、抽象的作為によって時間をジャンプさせたり、歪ませたりするのがとても大切だ。そのひとつの方法として採ったのが突然動きを止めること。オフバランス状態や人を身体の上に載せたリフト状態でのストップだが、アジア各国を代表する舞踊家だからこそ可能となった。時間を操作し得る身体力があり、そこに音楽や声の要素を入れ込むことで、舞台空間は豊かな時間を孕んで動き出し、現実とは別の時間軸が立ち現れた。

アンドレイ・タルコフスキーやテオ・アンゲロプロスの映画のように非常にゆっくりしたカメラワークを用いると幻惑性が生まれ、独特の時間軸のなかに吸い込まれてしまう。その一方、舞台では空間であることを利用して、多様な時間性の創出を可能にする。

空間はからっぽでも独自の力を放つ。しかし場に人やオブジェ、光、音が入れば、入り組んだ時間性、空間性をより一層明確に示せる。身体、舞台美術、オブジェ、衣装、光、音によって織りなされる幾層もの時間が融合したり、離反したりを繰り返しながら空間全体の幻惑性を醸し出す。

⑧一般的には映画よりも音のレンジが広い

映画は、一カ所のみでの上映を考えて制作することはない。上映可能であれば音響装置が良くない場末の映画館でも上映される。それを念頭に置いて制作すれば自ずと音はフラット気味になる。ときに映画制作をテレビ会社と組み、のちのちDVD化して発売しようとするなら、さらに音量はフラット化する。テレビ画面を大音量では見ないため、そうならざるを得ない。

映画に対し、舞台作品は音のレンジを極端に広く使える。その場で聞こえる限りの大音量、あるいは極小の音量を使って音を観客に提示できる。ツアー化する場合は、どこでも行えるとは考えず、当該作品を問題なく遂行できる空間を条件にツアー化を図る。デリケートな人間の耳が聞こえる範囲を極限値までカバーできるのが舞台作品である。

⑨二次元メディアを内包し得る三次元メディアである

三次元は二次元よりも一次元多い。この一次元の増加は絶大な効果をもたらし、情報量は二次元メディアに比べ極端に膨れ上がる。そしてこれがもっとも舞台芸術作品創作を困難にする理由なのだが、ここでは語らない。むろん情報量の大小によって優劣が決まるはずはない。ただ映画に比べ、情報量が多過ぎるがゆえに扱いが難しく、逆にそれゆえの利点も見出せる。

三次元とは、上下、左右、前後へのベクトルを持つ状態を言う。私たちが住む空間も三次元だ。そこに平面芸術である絵画、写真、映像などの二次元芸術を要素として組み込むのは理屈としては難しくない。画を舞台背景に使うのは一般的で、大衆演劇では書き割りがよく使われる。舞台上での映像使用もごく一般的になった。映像が既に撮影されているケースや、実際の舞台をライブで撮影しているケース、あるいは別の場所（たとえばそれが日本の反対側に位置するブラジルからであっても）との連携で他地域の映像を舞台上に組み入れ、時空間が混じり合って見せる作品はいっときブームにもなった。今では二次元映像どころではなくなって、三次元映像が生のステージで使用されるようにすらなっている。映像を舞台に組み入れる方法の新たな可能性はますます膨らんでいる。

私もたくさん映像を使ってきた。実物の扉と映像の扉を並べ、照明を操作することで、どちらが本物か定かでないシーンを演出したり、登場人物が次々と現れて、実人物が誰か分からなくしたり、突然窓から巨大な鳥が飛び出したり、人間の上にピタリと重ね合わせて映写し、人間から人間が飛び出してきたり……。映像を舞台上に組み込めば幻視なのか、実際の身体が幻惑性を持っているのか判別できない状態が作れる。このような方法は今では一般化している。映像の舞踊家と実際の舞踊家が同時に踊り、突如映像の舞踊家が影になってしまったり、異様に空高く舞い上がってみたり、小さくなって実際の舞踊家に溶けてしまったり……。ただ効果的かどうかは、全体の時空間との関係で決まる。

⑩人の想像力が基盤となる芸術形式である

クーリヤッタムというインド、ケララ州の伝統芸能がある。演者は目で見せる。全身体的動きとして語るが、なかでも目の演技が鮮烈だ。鍛え抜かれた演者の目と手の動きだけで、人が遠くから近くに歩いて来るさまが見て取れる。あるいは山を持ち上げるシーンがある。身体と目の動きでなにが行われているかを示す。もちろん手の上に作り物の山などはない。が、優れた演者が行うと山を持ち上げて見える。

能楽では仮面を付けるから顔は見えない。しかし観客は仮面と全身を通して人物の情念を感じ取り、演者に向き合う。演者に想像を促す身体がなければそうはならない。

パントマイムでは、前進していないにも関わらず歩いているように見せたり、鞄を誰かに掴まれているように見せたり、目の錯覚を利用して日常の動きに不思議さをもたらす。

舞台芸術にしかできないのは、観客の想像力を押し広げ、実際に見えている範囲を超えて、見えないものを見せられることである。

以上、映画と舞台芸術のメリットを並べてみると、空間、フィルムという物理的相違を超えて、舞台芸術作品では総合的な空間性、時間性、身体性の相違に言及しなければならないと知る。それらが密に絡み合って舞台は出来ている。これが最大の舞台芸術の特徴であり、舞台演出もこの組み合わせをいかに作り出すかである。

舞台芸術の三要素

舞台芸術の根源的な要素、「空間」、「時間」、「身体」要素は私たちを取り巻く日常の要素でもある。日常には時空間があり、個々の身体があって日々の営みを成している。舞台作品は、はじまりと終わりがある凝縮した特殊な私たちの生の断片、人間の営みを描いて成立する。この「凝縮した生」をダイレクトに観客に届ける装置が舞台作品であり、それを創り出すには三要素は外せない。演劇も舞踊もオペラも、伝統芸能もすべからくこの三要素に依っている。その点を認識するならば、舞台芸術ジャンルは容易に超越可能となり溶解する。演劇人や舞踊家といった分け方は舞台芸術矮小化の象徴にすらなる。ただそれは、「わかりやすさ」を生み出して重宝がられ、見る側はそこに特化して見るのに慣らされている。また、わかっていることを基盤に据えての論理展開はたやすく、認知した環境の方が感覚的にも動きやすく、受け入れやすい。だが限定性は知らず知らずに世界を住みにくくし、世界に狭さをもたらすのも事実である。

安部公房がカンパニー「安部公房スタジオ」を率いる以前は演出を行わず、たくさんの戯曲を書いて高い評価を得ていた。だがグループを持ち、演出を行うようになってのちに安部は次のように述べている。「小説は考えて書くものではない。書くことによって考える作業である。同様に、舞台表現も、戯曲をもとに演出されるのではなく、俳優をつかって舞台空間に戯曲を創り出す作業のような気がしてならない。つまり戯曲は舞台の出発点なのではなく、到達点なのかもしれないということだ」……戯曲について述べているが、安部は逆説を語ったのではない。これが舞台の本質である。言い換えるなら「身体を使い、音を感じ、空間にモロモロ配置していく途上で、舞台芸術にしか起き得ない化学変化を作り出し、その結果、戯曲として纏まるのが舞台」となる。しかしこの本質は未だに演劇界に於いては傍流だ。

安部は作曲まで行った。一九七〇年代に爆発的に流行ったシンセサイザーを用いて音を作り出した。舞台はあらゆる要素が渾然一体化して高みへと登れるが、安部自身もすべてを自分のコントロール下に置き、渾然一体化を図りたいと考えたのだろう。ただその作曲は成功したとは言い難い。人の能力には限界があり、限界値を破るために他の芸術家と協働して可能性を発見するのが演出家の役割である。つまり他の芸術家の才能や資質を見抜き、自らの作品に取り入れ、活かし切る能力と意識が大切になる。

ともあれ、安部が画期的だったのは、空間と時間と身体が完全に等価の位置に立った点にある。空間は躍動し、台詞らしい台詞、舞踊らしい舞踊がないのに不思議で魅惑的な時間が流れた。ドラマの演じ手や踊り手が主体ではなく、人の身体を含む時空そのものが主体化した。私が最初に見た作品「水中都市」では、照明が水中空間と空中空間に線を引いて幻惑的な効果を上げ、音は自ら作曲したほどだから重要な要素として場に存在した。安部がリズムを意識していないはずはなく、音、空間、時間が複合的なリズムを作り出しては、主体としての意思を持って屹立した。

すなわち安部の仕事に代表されるように演出という仕事は「空間」、「時間」、「身体」の三つの要素をいかに扱うかだと言ってよい。その調合具合によっていかようにも変化するのが舞台作品なのだ。

演出家が行うこと

映画制作に於ける映画監督と同等の立場が舞台では演出家である。舞台監督という名称はあるが、まったく異なった職能で、舞台監督は舞台の現場をつつがなく進行させるべく全責任を負う人を指す。芸術面での全責任を担うのが演出家。これは商業的舞台作品も小劇場の舞台でも同じだ。舞踊では振付家と呼ばれ、振付と同時に全体の演出を行う。演劇で踊りを使うときは、振付家が入るケースがある。この場合、振付家は動きの振付のみに責任を負い、それを含めて演出家は芸術面の全責任を担う。

プロデューサーは資金面、キャスティング、興行全体に責任を持つ。よってニューヨークのブロードウェイに代表される商業舞台では、プロデューサーは大儲けもすれば大損もする。しかし商売とは一線を画し、芸術性を強く指向する作品では演出家がプロデュースを兼ねる場合や、プロデューサーと名乗るにせよ責任範囲が小さな場合もあり、プロデューサーをひとつの枠のみには嵌められない。

演出家が生まれたのは西洋である。その昔、世界中どこにも演出家はいなかった。全体をひとりの人間が形作るという発想がなく、皆で話し合いつつ演者が形にしていった。経験値の高い者がリーダー格になって形を整えながら共に制作したのである。日本の古典にせよ、演者はいるが演出家は不在。古典は「伝承」、あるいは「伝承的創造」によって成立しているからである。新しい作品を次々と作り出すというより、伝承を基本に少しだけ創作を加えれば形は整う。また決まり事が場を支配し、新しい作品を作り出そうとの発想はあまりない。
現在は演出家不在の現代舞台作品はほとんどない。作品を作る側と演じる側は明確に分かれている。

演出家が行うべき基本的仕事は次の八点である。

①台本を元にどんな作品にするか、プラン化する。
②公演場所によりプラン自体が変わる。また公演場所が一カ所のみかツアー化するかにより、舞台の作り方を変える場合がある。もし劇場サイズが違えば考え方の変更が必要となる。その条件に合わせて最大公約数としてのプラン化を図る。
③プランに従って、プロデューサーとともにスタッフ、演者を決める。商業作品ではプロデューサーが決めるが、作品の芸術的全責任を担う演出家は口を挟むべき。スタッフは音楽家、美術家、衣装家、照明家、音響家、舞台監督など。
④稽古プランを立てる。全員が勢揃いして稽古を行える状態がベストだが、全日稽古参加が可能とは限らず、場合によっては代役を立てての稽古となるケースも多く、細かな稽古時間割策定が必要となる。
⑤稽古を開始。この時点で舞台美術は確定しておく。演者の立ち位置やオブジェ位置を正確に定めるのに必要だ。音楽、衣装プランも徐々に形になりつつある。
⑥演者との稽古が進んできたなら舞台監督を挟み、照明家、音響家を入れての打ち合わせに入る。どんな音空間を作り明かりにするか、方向性を示す。
⑦劇場入りして後、照明家と明かり作りを開始。照明プランは上がり、具体的なイメージは出来て

いるが、現場ではプランは取っ掛かりでしかない。明かりを点灯させながら照明キューの調整を行う。音も同様。

⑧演者や美術に対して最後の修正を図る。稽古場と実際のステージでは見え方が大きく異なるため調整は必須である。

こうして初日を迎えると演出家はお役御免となる。

以上が一般的な演出家の仕事だが、私は方法が少々異なる。その方法について述べたい。

初めての公演場所の下見から楽日までのプロセス

詳細は第三―五章で記す。ここでは創作過程の概略を書く。まずは全体を掴んでもらい、小さな事象が繋がって次へと向かっていく方法を述べる。

私の作品制作第一歩として、プレミア公演を行う場（劇場とは限らない）を決める。次にその場に赴き、周辺の雰囲気を見て回り、それから当の公演予定地に入って場との対話をはじめる（逆も多い。場を気に入り公演を決めるケースだ）。「場」がすでに持っている独特の力や感触を感じ取るためである。

その上で台本書きを行う。私が台本を書くのは時空と演者を繋ぎ、時空全体が躍動する舞台作品のたたき台として機能させるためで、必要な要素を全部書き込む。

ほとんどの演劇作品では文学としての戯曲が先にあって上演台本となる。私は台詞によって綴られる戯曲があってもいいが、あくまでも台本は舞台を作る上でのベースとして、舞台上にて可能な機能をすべて盛り込んだ方がよいと考える。台詞で表せるのは全体の一部に過ぎないからだ。演出は私自らが行うことを前提とするため、音楽から舞台セット、美術、動き、台詞、照明、衣装……なんでも台本に書き込む。こうして台詞ばかりの戯曲とは異なる、あらゆる要素が混在した「イメージの台本」が仕上がる。

書きことばは意味として機能するが、リズム要素、ハーモニー要素がより感じられるように書く。特にことばが生み出す詩的リズムが大切だ。リズムは意味を超えて、作品を浮かび上がらせる骨格となる。

台本を書きながら音楽が頭のなかで鳴り、人は動き踊り、色彩の変化やオブジェの動きが見えてくる。台本が書きあがった時点で、ほぼ舞台の全体像は形になる。要素は有機的に絡まり合い、多くの事象によって脳内にできあがった仮想空間にオーケストラ音楽が満ちるが如く共振を生み出している。なにもかも私の意のままに動いている。ハーモナイズし不協の音を奏で、同時多発的に、いわばひとつの社会となって動き回り飛び跳ねる。しかしこの甘美な幻想状態は、私の妄想の第一の扉を開けたに過ぎない。あくまでも架空世界の出来事で、はじめの一歩を進めただけ。以降、現実に引き戻されながら、第二、第三の扉を開けていくことになる。

台本を書き終えてすぐ、音の構成表を図式化する。作曲家と打ち合わせをするにも、全体の時間の流れを他のスタッフにおおよそ理解してもらうにも有効である。時間の流れがわかれば、パフォーマーや舞台上のオブジェの動きはより想像しやすくなる。

構成表に記す音は、舞台上に流れ、発せられる作曲家が作り出すべきすべての音と音楽だ。生の音楽や録音された音を記すのは言うまでもなく、パフォーマー自身の足音や息づかい、声、オブジェの動く音……音という音を意識しながら何分何秒から何分何秒までの音なのか、明確に音構成表には書き込む。そして音楽家との打ち合わせを行う。音楽家は十人十色で、構成表があれば充分で余計な情報は不要だという音楽家がいれば、私の思い描く音や音楽のサンプルを要求してくる作曲家もいる。

音楽家に限らず、美術家、衣装家、パフォーマー……素晴らしいアーティストは皆、全プライドをかけて自分にしかできないアイデアを出してくる。予算を度外視した突拍子もないアイデアや、仕込みに一週間以上もかかるアイデアを美術家から提示されることもある。作曲家から当方の想像とは方向性がズレた音が提出されることもよくある。しかし信頼が前提にあれば問題ない。互いの脳を覗き込みながら、新しい世界を築くためにお互いが脳にちょっとした傷を付け合っては修復を施し、高見に上るための方法を探り続ける。

高い能力を持ったアーティストは、解決の糸口や新しい作品世界への入り口を示してあげればどこへでも跳んで行ける。跳んだ結果、着地点をどこに見いだすのか、私の大きな楽しみとなる。もちろん一回で到達するとは限らず、丁々発止のやりとりが長く続く場合もある。細かな断片が散りばめられ、纏められて少しずつ構築されていく。

音楽ばかりではない。美術家との打ち合わせがはじまると空間内のハーモニーを醸し出すべく、色彩、形、オブジェ等々を細かく詰める。私の多くの作品では空間全体を息づかせるために舞台美術は徐々に形やポジションが変化し、オブジェは動く。美術に変化がない場合でも同様の意識で創作に当たる。目に見えない変容を起こす必要があるからだ。舞台上にあるすべての要素が有機的に絡まり合って関係性を成し、リズムが生まれると変化のない舞台美術でさえ変化して見えてくる。人とオブジェ、舞台美術は等価の関係にあって、空間は永遠性を感じさせつつ、ときに輝くように仕組む。これが私の空間作りの基本である。

そして劇場にある舞台機構や場のエッセンスを頭に叩き込んだ後、パフォーマーとの稽古を開始。稽古中は構築と破壊作業を同時に進行させる。台本上の記述を具体化させる一方、台本から離れ、ことばで記された世界から遠ざかろうとする。ことばから入ってことばを捨て去り、感覚レベルに落とし込む作業で、そのための破壊は必須である。私たちは書かれた文字に絡めとられやすく、それを避けるにはことばを重視しつつも遠ざかることが大切。台本は重要だがあくまでも入り口に過ぎない。しかし「ことば」は重く、意味をしっかりと湛えて存在感を放つ。ゆえにそこから離れるのは非常に面倒な作業なのだが、ここに創造の醍醐味があり、新たな可能性の芽が生まれる要素がある。

そして予想される創造の頂点に向かって一瞬たりとも気を抜くことなく上昇カーブを描いていく。

作品は劇場入りする一〇日前には、一通り最後まで形にする。最低でも一週間から一〇日前には形になっていなければ細かく詰められない。舞台上に流れる時間を細部に渡ってコントロールし、モノの配置、人の立ち位置やらの整序作業を行い、余分なシーンはないか、動きはうるさくはないか、ことばは余計ではないか等の検証に最低一週間を使う。その細部チェックができてこそ舞台は活気づく。

私の場合、作品時間が一時間半程度の新作ならば、一日あたり六―七時間の稽古を行い、四〇―五〇日間の稽古日数が必要だ。日数の相違は出演者の技量と参加密度、効率による。稽古時間はこの程度に留めおいた方が良い。昔は一日に一〇時間も稽古していたが効率的ではない。疲れは取れず、細かく考え抜く時間を作れないまま翌日の稽古に突入せざるを得なくなって無駄が出る。稽古のための稽古になりがちだ。演者は疲れから怪我をしやすく、不満を溜めやすくなる。毎日稽古前には考え抜き、稽古中はその思考から脱するよう心がける。そしてコンスタントに、計画通りに、彼らの自在性を発動させながら場面を構築していく。計画には予備日を入れる。最後の一週間から一〇日間は詰め作業に要するから、一通り形を作るのに三〇—四〇日間。これ以下では厳しく、寝る時間を惜しんで頭のなかで積み重ねを行うしかなくなってしまう。たった数日間であっても感覚的、物理的に大きく違う。

劇場入りしてからは照明作りが大切な仕事だ。ここではじめて具体的な作業として照明が関わる。劇場入りする以前、照明家との打ち合わせは公演の一〇日以上前には済ませ、照明家はそこからプラン作成を開始。特殊な照明を考えているときは、全体演出に深く関わるから稽古開始以前の照明打ち合わせは必須。劇場の条件や予算によっては考えていた照明ができなくなる可能性が高い。特殊であるほど資金がかかる。私は通常、照明のつり込みを行った後の明かり作りに一日半を要している。

音響も細かなチェックが必要。劇場入り後はじめて良い音響装置が使える。稽古場では聞こえなかった音が聞こえてくる、聞こえていた音が消えた、一気に低音が強くなる等、感じ方が稽古場とはまったく変わる。またどの音質がもっとも適切か、場に適した音に変えていかなければならない。それに舞台上と客席側では音の聞こえ方が全然違うから出演者用のモニタースピーカーチェックも必須事項である。

劇場入りしてから、演出としての最後の修正に掛かる。稽古場では見えなかったモロモロが劇場では明確になる。実際の劇場では、多くのリアルな情報が一気に押し寄せ、舞台の見え方が一変する。特に海外の劇場では劇場図面と実際とが異なるケースが少なくない。演者にとっては、客席とはじめて対面し、床の感触やら袖幕の内側の状態や舞台の上手側、下手側双方への裏移動等々、稽古場ではなし得なかった確認事項がたくさんあり、初日までの短期間で空間に慣れてしまわなければならない。

すべてを修正したつもりで、ドレスリハーサル（あらゆる要素が入り、完全に本番を想定した作品の通し稽古）を公演前日に行う。しかし全要素が入った初の通し稽古だから問題がたくさん出て来るもの。大きな装置がある場合、装置自体に支障が出ることさえある。演出、演者、舞台美術家はむろんのこと、照明家でさえ一連の流れとして照明を見るはじめての機会だ。特に出演者は公演前に全要素を自分の身体に入れられるほぼ唯一の機会である。そこで、ドレスリハーサルが終わったのち、改めて確認作業やら修正作業を行い、出演者は自身の感覚の修正を図る。私は公演初日の幕が開く直前まで、スタッフとともに細かな調整に精を出す。

こうして作品は初日を迎える。しかし初日を迎えた後も私は必ず客席で作品を見る。資金的に厳しければ私自身が音響を行う。小さな作品での海外ツアーや海外での創作作品の場合は音響オペレーターにならざるを得ない場合が多い。資金的理由はもとより、音がデリケートな調整を必要とするため現地オペレーターでは不可能との理由もある。ともあれ、私は必ず客席側にいて舞台全体を見る。そして毎日ダメ出し（Correction）を全キャスト、スタッフに対して行い、細かな修正を図りながら、楽日を迎える。

以上が私の創作手順である。

創作の意味

作品の作り方はどんな手法を取っても構わない。演劇作品ならば台本を書いてから、俳優、スタッフ共に読み込み、舞台美術家は美術を、音楽家は音楽を、俳優は演出家との稽古を開始する、このような方法が一般的だが、ステレオタイプな作り方である必要はない。あらゆる手法が可能。台本は書かずに音楽を起点に創作を開始する、美術イメージや動きのイメージから入る、台詞が必要ならば稽古と同時に付けていく、歌を即興で作って創作をはじめる、映像が起点になる……等々、どんなスタートを切ってもいいし、はじまってからどんな手段で変化させてもいい。アイデアが作品に多様性をもたらし、新しい方向性を生み出す。

創作過程はスリリングである。台本をなぞりつつ意思的な破壊作業を行い、他者とのせめぎ合いの真ん中に立って形を成す。積み上げ、構築する作業と、破壊に向かう作業の両ベクトルの拮抗によって作品は成立する。バランスを考えるなら、破壊が勝ったのでは作品にはならず、構築に重きが置かれるが、意識の上ではいつも「崩し、壊す」ための準備をしておく。それは私が私を疑う作業と言える。自信を持って進めている作業でも、ときに自意識は歪みを生み出し、勝手に飛び跳ね、暴走する。危険なのはひとり歩きし過ぎてしまうことだ。

創作とは己に始まり、己を超えていく作業である。つまり、「私」が書き、演出するが、妙なる力によって「私」は「私」でなくなり、「私」に何者かが乗り移って、半ばコントロールされながら生かされているかの如き感覚世界に入り込む。大きな興奮とともに今の時間軸や空間軸をひょいと超える。そんな不思議な異世界との交流が作品を生み出している感触がある。異界へと飛び、覗き、探り、再び戻る感覚。しかし異界との交流だけではコントロールと抑制の効いた作品にはならず、こちら側に留まって、手綱を引き締める作業は欠かせない。

私はあの世や霊界には興味がない。妙なモノを見、体験した経験もないが霊性なるものはあると感じてきた。作品創作とは個を超えた力との対話だと実感するからだ。

現実世界を離れ、もうひとつの新しい宇宙世界を生み出す行為だからこそ「創造」は意味をなす、そう認識できるなら、現実世界をなぞるだけの作品には興味は持てまい。自分でもよく分からない深遠領域を探るために、己自身と社会を見つめながら作品世界に没入し、異界への扉を開き、向こう側を覗き見て、不思議領域からなにか妙なるものを引き出して来る。未知なるものが芸術的破壊力に繫がる。芸術的感動とは、野生的人間としての根源的な部分での共振なのだ。「共振」はこの世のものとは思えない凄みや深遠さ、世界の拡張感覚、無限性から来ている。その根源は現存在としての無明にあると私は考えてきた。煩悩の塊である人間の根っこが私たちにさまざまないたずらをさせる。だから素晴らしい喜劇はときに深淵を描き出す。無明に絡め取られつつ、抗し、内面を暴き出して別世界へと至る。それが私たちの日常を照射する。作品創作の意味はそこにある。

第三章　空間について

空間。なんと魅惑的な言葉だろうか。もっとも身近にありながら取り留めがない、実体があるような、ないような、けれどすべてが包含されている……。空間と聞いて、真っ先に思い浮かぶのは学生時代に読んだガストン・バシュラールの『空間の詩学』である。

空間の詩学とはなにか？　空間は詩になるのか？　そんな思いで当時本を手に取った。ただ文章に書かれた詩だけが「詩」ではないと薄々感づいていたし、謎に満ちた「空間」は魅力たっぷりだったから、「空間」と「詩」が一体になったタイトルはずらり並んだ書籍売り場のなかで光って見えた。

芸術作品を作り出そうとする強い意図を持って作られたすべての創作行為……音楽、文学、美術、映画、舞台……は詩であらんとする意思がある。だが詩になっているとは限らない。詩と書いて語弊があるなら、詩性が潜んでいると言い換えよう。オクタビオ・パスは詩について「この世界を啓示し、さらにもうひとつの世界を創造する。選良の糧であり、同時に呪われた食物である。それは孤立させ、また結合させる。旅への誘いであり、郷里への回帰である。インスピレーションであり、呼吸であり、筋肉運動である」と書いている。この原初性を強く孕んだ力こそ、パスのことばではポエジー、すなわち詩性である。詩性を持たぬ本物の芸術はない。

詩性を感じ取るには、知識だけではまったく不十分。詩性は意味性ではなく、意味を超えて感覚に直接訴え掛けてくる原初的で偉大な力であり、それを感じるには柔軟な感性を保持していなければならない。子ども時代には誰でも持っていた世界を見通す感覚だが、一度断絶してしまえば、ある程度までは訓練で再獲得できるけれど、完全には元には戻らない。この力が詩性に繋がる。それを意味的解釈によって認識しようとしても難しい。意味を超えて、身体に、感性に、重く、ときにさらりと撫でるかのようにやってきて、深い痕跡を残す不思議な力だからだ。画を見て感動するとき、意味など考えまい。まずはなにかがやって来る。素晴らしい音楽を聴けば感覚の震えが襲う。理性を超え、静かに、ときに暴力的に侵入しては私たちを掻き回し、見たことも聞いたこともない場所へと連れ去ってしまう、これが詩の力で、その力によって私たちは異次元の世界を見る。

バシュラールは家を例に挙げ、抽出、箱、戸棚に言及しながら、現象学として空間の詩論を展開している。イメージや記憶に絡めながら各々の空間を論じることで可能性と無限性を獲得していったが、これらの論証はそっくりそのまま私の体験に重なって、まるで私の記憶について語られているかのようだった。

意思を孕みつつ空間を見つめれば、無限性を求める動線がそこに生まれる。意思は空間の見方を変えるが、ときに詩性が立ち現れ、空間やモノの見え方をさらに奥へ、遠くへと押し進める。

机の引き出しを開けてみよう。鉛筆、万年筆、ボールペン、消しゴム、ホチキス、ハサミ、定規等々さまざまな形、色彩の文具が整然と並んでいる。「私」が選び、馴染んできた文具だ。今は打ち捨てられ、引き出しに収まっているだけのモノだとしても、全部がいろいろな局面で使用されて、

「私」の時間を形作ってきた。引き出しに収まった美しい文具の列は、まつわる記憶と一体になりながら個人的イコンと化し、永遠性すら感じさせる。

たとえば、ずらり掛けられた衣装棚の衣服。思いが籠る衣服だが、棚のなかの衣はずっと出番を待った生き物の姿態で、静かにため息を漏らしているかのようだ。まったく着る機会が失われた無用物を「私」が捨てられないのは、自意識と記憶が捨てるのを拒むからである。衣服、衣装棚は、意思が籠った「過去の私」の形見としてそこに存在している。

歴史的建造物が詩性を放つのは言わずもがな。だがそんなたいそうな肩書きのない橋や道路ひとつとっても歴史や意味や思いが入り込めば、場は詩性を放つ。人間の思いの深さは場を詩に変えて、一層の輝きを放ち出す。

学生時代、私は詩的空間の魅力に嵌った。空間がなければ絶対に得ることのできない美、生命、時間に幻惑された。ガウディが大きな契機となった。彼に惹かれた理由は、空間全体から細部に至るまで生々しい命を孕み、時間的タームの壮大さに眩暈がしたからに他ならない。が、その命がなにかは説明できなかった。内奥からふつふつと沸き上がる巨大な力、深遠な源泉のエネルギーとしか言いようのない力。ガウディに限らず、私が目眩を起こす場や建物、美術品には必ずその力が存在して、私を虜にしたのだった。

ところで「空間」ということばは多岐の分野に渡って使われてきた。モノのない場を指して空間とするのが一般的な「空間」の使用法だが、物理学、哲学、数学、社会学、地理学……等々の分野の用語として使われ、ことばとしての「空間」は概念的広がりが大きい。ユークリッド幾何学の世界では空間は時間概念と不可分であり、その分析は「空間」理解には不可欠であり、詩的な分析にも有効だ。しかしここではあくまでも身体が感じ取る「空間」に限定して語る。

必要とされた空間の凝縮化

太古の昔から神への捧げものとしての舞や歌があった。音を奏で、儀式性を伴った踊る身体がいつはじまったかは定かではないが、猿人、原人を経て、五〇万年前から三〇万年前に誕生した旧人類（ネアンデルタール人等）の時代にはすでにその身体を持っていたと推測できる。イラクのシャニダール洞窟から五、六万年前のネアンデルタール人の葬式跡が発見されている。葬式を行うほどの文化を持っていたならば、舞や歌はあったであろう。葬式は残された者がその死を整理するために死者を弔う儀式で、悲しみを表現する節付きの声や、身体を動かすことで得られる死者の魂との交流が付いて回るからだ。その後、クロマニョン人等の現生人類によって、約二万年から一万四千年前にラスコーやアルタミラに素晴らしい壁画が描かれた。このような葬式行為や壁画を描く行為から推測されるのは、人類が知恵を持ち、死者や見えない世界に対しての畏怖の念が芽生えていたということである。空想する力や恐怖感は彼らの周りにたくさんの異界を生み出した。至るところに存在する人間の力の届かない範囲を畏怖すべき異界とした。その世界に対峙するための儀式的行動が宗教的行為や芸術的行為となった。

未だに原始性が残されている地域では、急速に廃れてきているとは言え、夕方から朝まで星空の下、観客は出たり入ったりしながらのんびりと舞台を楽しむ慣習が残る。バリ島では、三〇年以上も前ならばどこの寺院の祭でも、朝まで芸能が続くのが普通だったという。現在、この風習は消えつつあるが、バリ島中北部のプンチャック・パダン・ダワ寺院では、今でもバリ島中から獅子バロンが結集し、朝まで獅子舞が繰り広げられている。それは彼の地にまだ人知の及ばない異界が残っていると信じられ、彼らの身体に深く異界の感覚が刻み込まれているからだ。

しかし現在、都会ではこんな舞台作品の上演は不可能である。都会でなくても多くの国々ではかなり難しくなった。現代人は忙しくなり、かつ異界など見えなくなったため悠長な時間の流れには付いて来られなくなった。私たちの時間感覚は今の慌ただしい生活時間に慣らされ、溶け込んでしまっている。

そうは言っても、屋外での上演と聞いただけで私たちはとても緩やかな気分になる。夜ならば月や星が見え、風が流れる空間での公演だから、観客ははじめから開放的な気分で作品に向かえる。他方、閉鎖的な室内空間はどうか。価値が決まっている作品や好みの劇団以外であれば、室内の閉鎖性は見る側にさてなにを見せてくれるのかといった一種の対決姿勢を生みやすく、そもそも長い作品をゆったりと味わう悠長さは生活環境の変化によって持てなくなった。そこで作り手側も短時間(一、二時間程度の時間。長くても三時間)の時間的「凝縮」へと向かった。室内で凝縮された作品を生むには、作品構造はむろんのこと、凝縮に耐えられるだけの機能性を舞台空間は求められ、社会の発展段階と需要に応じての、舞台公演に特化した劇場空間が作られるようになった。空間的「凝縮」が起きたのである。

発展途上国の劇場には、まともな照明器具、音響器具がないのは通例である。劇場先進国でさえ五、六〇年前までは同じだった。しかし先進国家では時間的、空間的「凝縮」の要請が出てきて、かつ、そこに割ける資金の余裕があったから照明装置、音響装置が次々と開発、設営されて、機能性を存分に発揮できるようになった。「凝縮」は必然であり、また機材の発達によってさらなる「凝縮」が押し進められている。「凝縮」に伴い技術者の技術力やプランナーの創作力も上がっていった。「凝縮」が要請される以前は、演者や演奏家の身体を中心にして観客の想像力に訴えかけたのが舞台作品のあり方で、その方法がすべてだった。よって優れた照明プランナーや音響家が育つはずもなく、中心には演者の身体が鎮座したまま微動だにしなかった。

二〇一三年にプノンペンとハノイの中心的劇場で公演を行っている。両劇場とも照明器具はパーライトというプレーンな照明機材しかなく、かつ、ゼラ（色付きのフィルター）はどこにもなかった。音響も同様。通常は生演奏を主体とする劇場のため、音響機器から音を出すような操作は重要視していない。音は出れば良いとの発想しかなく、劇場にはDVDプレーヤーがあるのみでCDプレーヤーさえなかった。DVDプレーヤーは音に特化した機種ではないから音質が良くはなく、音が欲しいタイミングですぐに音が出ず、一、二秒遅れる。これでは音響キューの厳密さが要求される作品では使えない。こんな音響環境、劇場機能しか持たないのは、大切にされてきたのが俳優や舞踊家、演奏家の作り出す作品としての凝縮性であって、照明や音の厳密性、作品の凝縮性は意識されず、必要とされなかったからだ。将来、空間的、時間的凝縮性が意識される頃には、舞台創作に対する意識はまるで変わっているだろう（ちなみに現在ではCDプレーヤーは使用せず、パソコンを通しての音出しが一般的になっている）。

空間の凝縮性は時代の要請に応じての必然である。アジアではここ二〇年間で韓国、シンガポール、香港、マレーシア、インドネシア、台湾、中国など多くの国々の舞台空間の機能的、装置的凝縮度が急速に上がり、舞台芸術環境は以前とは比較にならないほど良くなった。カンボジアやベトナムも遅かれ早かれそうなる。カンボジアの舞台芸術界も情報によってグローバル化の波が押し寄せて来ている。カンボジアの若手舞台芸術家たちが公演や勉学のために海外に出て行き、新たな凝縮性、機能性にダイレクトに接すれば自国の舞台芸術のあり方を変えたくなるのは当然だろう。そして経済的にある発展段階まで来たとき一気にそれは現実化する。

空間の声を聞く

空間の声に耳を傾けてみよう。耳を澄まし、そこになにがあるか、読みとってみよう。空間の声とはなにか、どうやって空間の声を聞けば良いのか、霊的ななにかを感じればよいのか、とさまざま考えるだろう。

実は誰でも日常的にその声を聞いている。声と言ってわかりにくければ、感触、感覚でもいい。あるレストランの前を通ったら、おいしそうに感じてつい店内に足を踏み入れてしまった経験は誰にでもあると思う。店は客を呼び込みたいから外装には神経を使う。しかしなんの変哲もない飲食店が輝いて見えるときがある。たいていはどこか凛とした感触の店だ。新しくはないが、入ってみると外側も内側も丁寧に掃き清められ、すずやかな緊張感が漂う。店員はてきぱきと動き、清潔感に溢れている。そういう店の味が裏切られることはまずない。味と人と外に向けて放たれるイメージが一致する。店の中で働く人々の心根や立ち居振る舞いが表に滲み出て、店主の思いを伝えて来る。

飲食店は店主の思いが如実に現れる。食は生理に直結しているからだ。一般的な商品を売っている場合は、店自体の、商品と合致したインテリアデザインや商品配置で売れ行きはがらりと変わってしまう。流行の、おしゃれな商品を売る店であれば、どれだけ店主が店を清掃し、磨き込み、商品への思いに溢れていようが、店の雰囲気が商品と合わなければ、最新のトレンディな装いを持った店には敵わない。場のイメージを高めることで、商品自体の価値をより一層高く見せられるかどうかが鍵になる。客は商品だけではなく、商品のある空間と、知らず知らずに語り合って商品自体に手を伸ばす。空間と商品とのコラボレーションによって出来上がった商品の価値を、客は感じているのである。

日常の住居はどうか。片づけの行き届いた自宅には帰りたくなるが、乱雑では気が重く、足が遠のきがちだ。仕事場ならば、場作りと大きく関係するのが仕事の効率である。空気の流れや光の入り方次第で気分はまったく変わってしまう。清々しい場所であれば仕事の効率は上がり、机や椅子の状態如何によっても変化する。夜になって、間接照明にするか、煌々と蛍光灯を灯すのか、どちらを選択するかで空間の見え方は一変する。近、現代日本では、仕事場から緊張感が消えてはまずいとばかりに、間接照明を使って仕事場を美しく見せるような環境的配慮はなされず、蛍光灯一本やりだったが、夜寝るときは、白い光の蛍光管ではなくオレンジ色の白熱電球にし、間接照明や蝋燭によって場に揺らぎを作り出そうとする人は少なくない。色味にしても同じ。色彩には人の心を熱くも穏やかにもする効果がある。目から入る情報だけではない。空間には匂いや音がある。どれほど素敵な場所でも酷い匂いが漂ってくれば場の雰囲気は台無しだ。また、空間に揺らぎをもたらす音、緊張感を高める音がどんな音か、想像するのはたやすい。私たちの日常生活では知らず知らずに空間と対話し、空間を自身が選択し作り出しているのである。

満員電車に乗れば、できるだけ早くぎゅうぎゅう詰めの苦痛から解放されたいと願う。乗り合わせた乗客の顔を見れば、誰もが自我を殺し、現状をなんとかやり過ごそうとしているのを知る。ひとり残らず憂鬱、苦々しい想念でいっぱいの頭を胴体に載せている。とはいえ他人の思念など知るはずもなく、不気味な想念に満ち満ちた電車内空間に閉じ込められているから、単なる移動のための手段だと自分に言い聞かせていなければ密閉の時間に耐えられまい。場はマイナスエネルギーが充満していて危険がいっぱい。臨界点ではなにかキッカケがあれば一気に奔流となって吹き出す可能性が大だ。トリガーはなんでもよい。

今の世界は、いつ何が起きてもおかしくない満員電車の車内状況に似て、誰もが漠とした不安、恐怖を抱えて生きている。事件は起きるべくして起き、それに対し一種の既視感を持って納得してしまう私たちがいる。言い換えれば、場の持つエネルギーをギリギリにまで膨れあがらせた空間では、私たち自身がすぐにでも主人公になれる。被害者にも加害者にも、である。事件が多発する可能性を持った強烈な劇的空間に生きているのが私たちと言ってよい。

森に入れば、清々しい気分を味わえる。樹木が発散するフィトンチッドという化学物質が気持ちを穏やかにさせ、晴れやかな気分を引き出す。ただし清々しさを味わうには条件がいる。人の手が入った森で、明るいうちだけとの括弧付き条件である。まったく人の手が入っていない森では、森に馴れた身でなければ恐怖の方がはるかに勝る。昼間でさえ恐い。なにひとつ手の加えられていない森は魑魅魍魎の住む世界を感じさせ、死と生の境界線上に自身が立たされたような気分にさえなる。ましてや暗くなりはじめれば、人の手の入った森でさえ恐怖はヒタヒタと押し寄せ、清々しさはすっかり吹き飛んで身体は竦んでしまう。

変容する場の力を感じ取るのに、森はとても分かりやすい。森に身を置けば、生々しく神々しい力がみるみる身体に浸透して来る。もしその圧倒的な力を知りたいなら、森のなかで素っ裸になってみるといい。一糸纏わぬ状態で場に身を任せてみると日常とはまるで異なった感触がやってきて、体内になにかが満たされて行くのを知る。森に身を任せられず、己の頑な想念のなかに閉じ籠ったままであれば、変化はほんのわずかしかない。

廃墟に人々が魅せられるのは、栄枯盛衰の時間、特に枯れて衰退する時間を感じたいがためであろう。本来は時代と共に捨て置かれ、ついには壊される運命を担うのがすべての建造物だ。歴史的建造物でさえ使われずに保存されているだけなら形のみ残された骸である。歴史性と偶然性が保存を促したにせよ、幸運がなければ今に至るまでは存在しない。堆積した時間の重みと苦渋が建物に潜んで、骸となって異様な力で同じ場にいる者に迫る。見る者は、昔そこにいた人物と、今に生きる自身とを秤に掛けながら、古に生きた人物の残像を追いかける。その日常生活や愛の情景、戦う姿、死へと向かう姿……。空想に、見る者自身がすっと重なる。建物は人間が絡むがゆえにそれが語ることばは重く響く。深く歴史に絡んでいればなおさら多くのことばを建造物は語り出す。

劇場空間もまた、各々独自の声を持っている。その場に足を踏み入れた途端にわくわくする空間があれば、どんよりと濁った空気を放つ場もある。作り手をいかにも受け入れてくれそうな劇場がある一方、格好良くとも拒絶感の強い劇場がある。大きな劇場、小さな劇場、ただの黒い箱形の劇場……いろいろな劇場があって、ひと言で「劇場」とは括りにくい。しかし稼働率が高く、かつそこにいる職員が愛情を注ぎ込んでいる劇場はどこか柔らかな空気を纏っているものだ。建築家の意図はあるにせよ、元々の土地の力や劇場を育てた職員の力が作用して、劇場自身が匂いを放つ。それはなにかと問われても答えられない。私はそんな劇場の持つ多様な声に耳を傾け、創作を始める。

記憶と空間

アーティストにとって記憶は創作の出発点に位置する。ただしその記憶は認識している記憶とは限らない。無限に広がる太古の記憶までを細胞ひとつひとつの奥深くにまで染み込ませているのが私たちの無意識の記憶である。これは第五章で「生命記憶」として述べるのでここでは簡単に記すに留める。

アーティストでなくとも人々は常に記憶と語り合っている。水を見、空の広さを見て開放感を味わうのは私たちの長い時間が育んだ記憶ゆえである。同じく水を見て恐怖心を持つのも記憶のなせる術だ。記憶があるから想像し、創造を欲する気持ちが芽生える。記憶は飛翔の源となり、同時に奈落への入口となる。記憶は常に揺れ動き、起きたことはもちろん、起きなかったことでさえ意識の底に沈む。起きなかったことには、自分の実人生以前に起きた、生物としての記憶まで含まれる。本能と言われる能力は、種の記憶であり、生命体の記憶として私たちの脳の襞に残されている。つまりどこまでが実際の記憶で、どこからが起きなかった記憶か、記憶に明確な境界線を引くことは不可能だ。

また、実際に起きた記憶の多くに意思が入り込み、再生産された記憶に変化している場合が少なくない。同じ事象を経験した人々が、異なった記憶を持つケースがしばしば起きるのは多くの人々が経験している通りである。そして当人にとって記憶は唯一無二だから、後生大事に抱え込む。場と人を媒介として記憶の多くは感情と共に身体に染み込んでしまう。人が記憶に縛られやすいのは、記憶が場と人に密接に結びつき、強い磁力を当人に植え付けてしまうからである。

そんな記憶に棲息する縛りを解き放ち、場や人に流動性を持たせながら再構築を図る役割が芸術にはある。だからアーティストは深く鈍い記憶に苛まれつつもその場に留まらず進み続けようとし、もがき苦しんだ作品は時代を超えて命を持って次なる発見を可能にする。

人々は空間の声を聞いている。知らず知らずに、意識せぬまま聞いているが、無意識ゆえにさらりと通り過ぎてしまう。だがもし意識に上らせることができれば、多くの場は劇的空間へと変わり得る。劇的空間とは「語る」空間のことだ。

そもそも空間自体が語る。けれどより一層鮮明に空間に語らせるには、仕掛けを施した方がよい。劇場に限らず、舞台芸術作品を実施したいと思わせる空間には元々なにかが棲み付くが、場に身を委ねつつ対話し、同時になにもない空間として考える必要がある。舞台作品創作は、場とは別の「もうひとつの宇宙的空間」を生み出すことだ。そこで、まずは素になって、どんな仕掛けが場を育むか感じ取り考える。その上で仕掛けを施す必要がないと判断するなら、それはそれで立派な仕掛けである。

空間は舞台作品の母体である

約三〇年も前にピーター・ブルックが持っていたパリの劇場、ブッフ・デュ・ノールを見学に行った。火事に遭った古い劇場で、幸いにも建物は全焼を免れ、途中で消し止められて形を留めていた。ブルックはそれを知り、半焼の状態のままの劇場を借り受けて本拠地として使うようにした。元々歴史があり、かつ火事の惨状がくっきりと見て取れる劇場である。妖気が漂い、強いインパクトを放った。見学の一カ月後、彼の作品をここで見たが、入場時からただならぬ様相を呈し、いるだけでイニシエーションを受けた感覚に陥った。神話性が纏い付いた空間に入り込んだ気分だった。

ブルックはこの劇場で稽古も行っていた。舞台芸術は空間との語り合いが大きな要素を占めるため、稽古場と舞台が同じなのは理想的だ。通常、ほとんどの演出家が初演前に劇場で過ごせる時間は数日間しかない。初演ではなく、ツアーならば一日もないときがある。パフォーマー、スタッフの誰もが劇場での時間は欲しくてならない。劇場によってもろもろ見え方、聞こえ方が変わるからだ。すべての機材を持参して設置するなら別だが、劇場付属の照明機材、音響機材は劇場によって異なり、それらを使用するなら光の見え方、音の聞こえ方は異なって当然である。そもそも劇場自体、音の響きが違い、劇場の天井の高さ等により同じ照明機材を使っても感じ方、明るさが変わる。また、照明器具の位置により、光がどの程度、演者の目に入ってくるかも違う。床の固さやステージの広さ、客席形状が異なる。作り手は観客席の形状をきちんと意識しておく必要がある。縦長か扇型か、急勾配で客席後方に向かうに従い、上がっていくのか、観客と演者との位置関係が変わるため意識の働かせ方が変わる。演出上も、客が見上げるのか見下ろすのか、客席と舞台は近いのか離れているのか、こうした相違により注意点はまったく変わる。つまりあらゆるスタッフ、キャストにとって稽古場と劇場が同じなのは、創作上理想的で多大なメリットがある。

稽古場が固定され、そこがホームグラウンドとしての劇場ならば、物理的な場の感覚が身体に染み込み、十全に練り込まれた感触で本番に臨める。最初からわかり合った友のような感覚で、場をさらに深める方向にのみ集中できる。また物理的な相違以上に、場の醸し出す力が大きい空間（たとえばブッフ・デュ・ノールや自然のなか）ならば、パフォーマーの技術力、熱量、演技力等の力量が高ければ高いほど場の力を自らの力に変えていける。演者に力があれば余裕が生まれ、身体という容れ物が空間を感じ取る総量はますます高くなる。こうした相乗効果によって観客は絶大なる力を場の全体から感じ取る結果となり、舞台への集中度を高める要因になる。

私は同じ作品を銀座にあったセゾン劇場でも見たが、作品の重みや演者の意思力、集中力が劣って見えた。私が座った席と舞台との距離が離れていたからか？　いやそうではない。席が離れていようがいまいが強烈な吸引力を持った舞台は存在し、俳優の集中力が強ければ見ている側も否応なく吸い寄せられてしまう。舞台はさすがに手練れの俳優たちの術に溢れていた。けれどブッフ・デュ・ノールでの、劇場と俳優の身体が一体化しつつとぐろを巻くような感触はついに得られなかった。多くの理由があって毎日の舞台成果は違ってくるが、場が作品に与えた影響は小さくはなかったはずだ。それは本拠地の劇場に異様な迫力があったことを思えば充分だろう。改めて場の力に感じ入った経験となった。

舞台芸術作品は空間が非常に重要である。場は人の原初的な部分に訴えて、演者の感覚エネルギーを増幅させる。同時に観客も無意識に場のエネルギーを受け取りながら演者を見る。つまり場を媒介した強い磁力が互いの間に生じ、そこは磁場と化す。

私にも深く記憶に刻まれた経験がある。一九九一年、真鶴半島の切り立った崖の真下に舞台を設営し、観客が舞台を通して崖を見上げる形で「パレード」公演を実施したのである。仕込みが終わった頃、台風の直撃を受け、大風、大雨のなか、崖が崩れ、舞台上に岩が落ちて来るほどの危険な状態となった。首都圏からの客を見込んでの公演にも関わらず、電車が動かなくなったため、一〇〇〇人は入る特設会場に観客は三〇人ほど。客席の後ろでは海がうねっている。公演中止だと誰もが思った。が、突然風が止み、雨が止まった。台風の目に入ったのだ。急遽、公演実施へと舵が切られた。そびえ立った崖はライトアップされ、ゴツゴツした岩が濡れてテラテラ光った。海は轟々と唸り声を上げ、海水が霧状に舞い上がって霞みがかかり、潮の香がねっとりと纏い付く。そして嵐の中心にあって、ぎりぎり平衡を保っているかの如き緊張感の真っただ中で幕は切って落とされた。床は濡れたままだからパフォーマーはツルツル滑り転びそうにもなったが、作品は異様な迫力を持った怪物へと変貌していった。巨大岩の前に屹立した無機的な白いオブジェ群が光り、音は有機的生音と無機的音楽が混じり合い、重い海の唸り声が通奏低音のように響いた。パフォーマー自身、嵐のただなかにいて、さまざまな影響を受けるのだから情景に感情移入しないはずがない。誰もが嵐のなかの、風の、雨の、水の、海の精のように舞台上に存在したのだった。……この公演は、実施している側にとっても稀有で、密接に空間と語り合い、激しい劇的対話の末、ぎりぎりバランスを保った公演となった。パフォーマーは「自然」に身を捧げた感覚を味わい、見ている側はこの世を超えた自然の力にひれ伏しながら興奮し、同時に人間の小ささを知ったと思う。たまたま見に来られた幸運な友人は、未だに三〇年近い昔の光景を語るとき目がヌラヌラと光る。

こんな経験はきわめて稀でなければ困る。だが同じことが大なり小なり行われているのが空間と共に行う作品制作、すなわちモノ、人、空気、光、音と対峙しての創作行為である。

今、例に挙げた作品「パレード」の初演は一九八九年夏、利賀村のギリシャ型野外劇場であった。舞台の向こう側には池が広がり、さらに奥には森が聳えた。このすぐ後の公演は名古屋のテント芝居空間で、その次は真っ白に塗られた元ビール工場の、有機性がほとんど排除された室内空間、東京の恵比寿にあった「恵比寿ファクトリー」である。これら三カ所を考慮に入れて制作、有機物に溢れた空間に対応しつつ無機質空間にスッと馴染む作品をイメージした。が、それは三カ所の「中間」を掬い取る作業ではない。三つの場の感触から、各々を満たすに足る俯瞰の視点を探り出してのクリエーションであった。結果、有機、無機の壁を越えて同時代を動かすエネルギーの流れを表現した作品となった。

どんなに無機質空間でもなんらかの「意思」を場は感じさせる。白色のペンキで塗られているだけにせよ、少し黄色味がかっていたり、よりグレーだったり、もともと実際に使用されていた工場倉庫だから、いくらペンキを塗り重ねたとして地肌の凸凹具合から歴史は滲んで来る。ましてや人の手が入れば否応なく意思が入る。刷毛の具合ひとつにも意思が潜む。その一見無機質に見える空間から意思を読みとり、同時に森や水に囲まれた有機的空間から声を聞く作業を行った。そして私と三つの空間との対話がなされた結果、本作品は、自然溢れる空間、無機的な空間、どちらにも馴染む作品と「成った」のである。

一般的な劇場を使用しての創作も根本は一緒である。作る側の意図に添った形や色彩を作り出すには、さすがに専門空間である劇場の方が容易だ。むろん劇場とは簡単に一括りはできず相違はたくさんあるが、ここでは劇場とそうでない空間との差異として示している。劇場には基本的な幕類は揃っており、黒幕を使って空間を真っ黒くするのはたやすく、劇場として極端なほどの形状の相違はない。だがそれでも劇場空間との対話は必須、創作の前提となる。劇場の規模が異なれば奥行き、間口、高さ、客席形状の相違が大きいのはもちろんだが、同じ規模であってさえ違いはたくさんあり、なにより劇場に棲み付いているスピリットらしきものの感触が大きく違う。柔らかかったり、固かったり、喜んでいる感触だったり悲しみの感触だったり……。建築家の意図以上に、劇場がいかなる使われ方をしてきたかによって場には意思が加わり、否応なく「感触」として滲み出てしまっている。むろん設計や機能とリンクする要素はたくさんあるが、劇場スタッフの思いが場に染み付いている。場との対話によってその総体を体感として受け止め、空間そのものを活かす手だてへと変換させる。その起点となるのが「場を見ること」だ。

場の特性を無視できなくはないが、劇場空間のスピリットを殺せば結果的に作品としてプラスには働かない。空間の声、特性を殺してはいけない。場は単なる容れ物ではないのだ。

「空間」からの作品創作

まずは空間の声を聞く。これが第一歩目で、その次はなにを行ってもよい。空間イメージを稽古場に持ち帰り、そこに音を置いてみる。あるいは身体を置き動かしてみる。モノをひとつ転がす。ことばもあるだろう。結果、なにか次の展開へと繋がる具体的な回答が見えて来る。たとえば……池に石ころをひとつ投げ入れたとき、まず音が生まれる。次に水しぶきが上がる。そして波紋が広がる。魚が飛び跳ねるかも知れない。そのときスッと風が流れるかも知れない。するとそれまで均衡を保っていた場に別エネルギーが投入されたことで、均衡が崩れ隙間ができる……。創作者はそんな隙間を場に見いだし、なにかをするりと配置する。音、動き、色彩、オブジェ……なんでもいい。感覚によって置いても、自分なりの理屈で置いてみるのでも構わない。それがさらなる波紋となって響き出す契機となればよいが、変化が起きそうになければ別のなにかを置けばいい。舞台は「空間」に波紋を起こさせ、波紋が波紋を呼び込む連鎖により新たな波動を見つけ出す場だ。この原則を忘れてはならない。ただしそのためには「空間」との真摯な対峙が必須だ。場のなかで呼吸し、場の意思を汲み取り、場の声を聞かなければならない。

台本を用いても同じである。台本を元に作品を頭のなかに組み上げるが、はじまりは空想の域を出ない。空想を具体的な形にするために、はじめに初演場所の感触を思い描き、次に仮想空間として場を脳内に作り上げ、次に模型で具体化する。そして模型のオブジェや演者をいろいろと転がしてみる。場の有機性は具体化させるなかで徐々に生まれる。

それから本格的に稽古を開始する。演者を立たせ、オブジェを配置する。私が意識し続けるのはパフォーマーの立ち位置、動き、むろん舞台美術、オブジェ、衣装の動き、光……それらすべてが、連続したタブローとして存在し得ているかどうかである。私自身の目が満足しない限り、ずっと違和感を引きずってしまって気持ちが悪い。その上で稽古中、もっとも重要視するのはリズムである。リズムはあらゆる生的活動の根幹にあってごまかしがきかない。オブジェも小道具も稽古場にあるものすべてがリズム要素だが、特に人の動きは大事。人は一カ所に留まることがない。必ず動く。ポジション移動のないシーンでさえ、呼吸し、語り、意識が動けばリズムが変化する。

リズムは根幹にあって、作品の良し悪しを決定づける最大要因である。ただ「リズムについて」の詳細は次章「時間について」に記すとして、ここでは「空間のリズム」について少しだけ触れておく。

私は、パフォーマーの立ち位置やオブジェの配置を数センチ単位で決めていく。たいした違いはないと感じられるだろうが、人がどのように立ち、移動するか、その軌跡を少々ズラすだけで空間の見え方が変わり、微細なリズム変化を生む。ほんのわずかの差でさえ変化が繰り返されれば少しずつ大きなリズムに変わっていく。すると舞台上に立つ演者の意識はもちろん、見る側の心に刻まれる印象も変化し、リズム空間が躍動するに従い心地良さを感じ始める。

立ち位置や動きの変化だけではない。色彩の変化やオブジェの移動スピード、配置、形自体の変化、衣装の変化、照明の変化……等々の視覚的変化が空間全体のリズムを作り出す。これを舞台作品のベーシックなリズム変化とする一方、それを一気に破壊して、リズム軸そのものを大きくズラす仕掛けを入れる場合もある。リズム軸の変化によって空間に緊張感をもたらすためだ。たとえば……突然照明によって八秒間だけ真っ赤に舞台を染めてしまう。と、時間の流れ方は劇的に変化、視覚的な破壊が全体のリズム、見ている側の感じ方をまったく変え、舞台上には別ベクトルが生じて意思を持ち、一時的に場をカオスが支配するかの印象をもたらす。この状態から調和への道筋を生み出すことで、次の新たなリズムに変える。むろん基軸となるリズムは慎重に扱わねばならない。これが壊れたままになれば、舞台は基幹にある心臓音とも言うべきリズムを失いかねない。失えば作品の破綻へと向かってしまう。

私は舞台だけではなく、稀にだが展示ディレクションを行う。意識するのは、オブジェや装置が空間のなかで生き物と化せられるかどうかだ。ひとつひとつが単独でありながら共振が起きてリズムを刻み、関係性のドラマ世界を展示空間に新たに生み出すべく配置する。ドラマが見えるようになるには感覚的意識の流れを空間に作り出せるかどうかに掛かる。たとえば、二〇一三年に衣装と仮面をメインにジャカルタで行った展示「CIRCUS」は、新たな生物の誕生を意図して次のように制作している。……天井の高い楕円形のスペース全体を俯瞰しながら、人体型に制作した多数の衣服や仮面群を用いて、光の角度、強さ、空調の流れ、音を使い、客の視点を考慮に入れて空間全体を構成。現場に入る以前にこれらの要素の微妙なポジショニングや空気感、素材感等をイメージし、細かい計算のもとで設計図を描く。作られた衣服やオブジェは別作品のもので互いに一切関係を持っていない、けれど同一空間に設置することを予想すれば脳のなかに関係性が生じ、置き位置は自ずと決まってくる。しかし現場での設営段階では感覚が支配し、変更が必然的に多々起きる。そして感覚のドラマが見えるべく微調整を図る……。舞台作品の場合は多様な要素が密接に絡み合って作品と成るが、展示でも衣服やオブジェから総体としての生命体のリズムを感じられるまでに仕組めれば、場は有機的関係性を持って蠢き出す。

一般社会では、預かり知らぬことがほとんどであるにも関わらず、個人は大きな歯車に組み込まれ、巨大有機体の駒となって動いている。そこで誰もが適度な距離感を保って自分の立ち位置を探り、居場所を見出す。流れがあるときは良いが、停滞すれば居心地が悪くなって新たな場所を探し始める。それと同じ。展示にせよ舞台にせよ、流動してはテンションの高い瞬間を作り再び流動するといったリズミカルな流れが作り出せるなら、作品はダイナミズムを持って動き出す。

空間は語って止まない。そのことばを聞けるなら、作品ははじまりからなんらかの力に包み込まれていると知る。空間の力が舞台芸術の起点であり、最終的には時間・身体を巻き込んで空間に帰結する。

舞台作品は空間的詐術の芸術であると意識する

私はこうして舞台作りを行う。

作品制作途上では、多くの難関が待ち構えている。空間に関わる部分には、舞台美術のデザイナー、オブジェ作家、大道具、小道具係がおり、細かな擦り合わせを行った後で実制作に入る。しかし思い通りにはいかず、しょっちゅう問題は生まれ、特に稽古が始まって以降のトラブルは、予算が厳しければしわ寄せとなって現場に跳ね返ってくる。アイデアの変更やらオブジェ自体の制作取り止めなど多くの変更点が生まれ、創作に多大な影響が出てしまうことになる。

舞台制作をはじめて一〇年間は、毎回のように予算問題に直面した。特に美術、オブジェ制作である。若いときの作品制作は、少な過ぎる予算でやり繰りしており、見積もりの甘さも手伝って、にっちもさっちも行かなくなった経験が何度かある。オブジェの動きを主体に成立させようとしていたシーンのオブジェが作れなければ、演出は大打撃を受ける。しかし無理であれば、バランスを図り、可能な限界値を探っていくしかない。舞台はいかに「見せるか」を問う場で、本物が良いとは限らず、ごまかしがマズイとも言えない。多くの舞台には観客との間に距離があり、この距離が詐術を可能にしている。もしも金の延べ棒と金色に塗った作り物が舞台上にあったとして、どちらが本物か距離を置けばまずわからない。偽物の方が本物らしく見えたりもする。

さて窮地に陥ったとき、真っ先にオブジェの数を極力減らせないか検討し、金属が無理なら木で、それが無理なら紙で、と、安価な素材に切り替える。客席が舞台に正対する通常の劇場ならば、誰も舞台セットやオブジェの裏側は見ない。そこで途中でひっくり返して両面を見せる予定だったものを一面しか見せない使用方法に変える。舞台奥の大黒幕や袖幕、文字幕と呼ばれる黒幕は通常の劇場なら必ずあり、よって黒部分を増やし、可能な限り観客の想像力に訴えかけるステージに変える。また、必要としたパネルやオブジェの面積や体積を減らす等、変更可能箇所を探り出しては実行する。これらは舞台を専門とする美術家ならば当たり前の変更だが、一般の美術家や建築家には思いつかず、見えない部分までキッチリと作り込もうとする（ちなみに私は今まで舞台美術家と仕事をした経験はない）。しかし舞台芸術は身体以外のほとんどが詐術による、多分に想像力を媒介にした芸術なのだ。空間を活かし、語らせるには方策を施し、資金と戦いながら形にする芸術なのだ。

ただ絶対にごまかしが効かないパートがある。まずは衣装。途中でほつれてきたり、破れたりでは意味をなさず、激しい動きの連続に耐えられなければならない。素材も見た目だけで選択すると危険だ。仮面は人間の顔の替わりとなるから、全身全霊を打ち込んで制作された仮面でなければチープさが浮かび上がってしまう。巨大な装置系は、人の命にも関わるので安全第一の機構にすべきだ。しかしこうした根幹を成す部分を除き、無理ならば別の手を編み出す。簡単に錯覚を起こすのが人の目だから、それを漏らさず利用する。舞台セットの色味に少し問題があるなら、照明による補助を考える。

照明効果について

照明の効果は絶大だ。自宅の照明を少しでもいじってみればすぐに認識できよう。蛍光灯の白っぽい明かりと白熱球のオレンジ色の明かりでは印象はまるで違う。白熱灯を薄い和紙で覆って白壁に向け、間接照明にすれば部屋の雰囲気は一変して柔らかくなる。食事を並べた机の上に蝋燭の明かりがあれば、そこは特別な場所に見えて来る。

照明はさまざまな空気感を作り出し、場の広がりや狭さを生み出せる。見えるようにするだけではなく、見えない場所を作り出すのも照明の役割である。一カ所にきわめて明るい光を当てる一方、他を暗くすれば、暗い部分をほぼ見えなくもできる。ハレーションは考える以上に強烈だから、演者を浮かび上がらせるに反射光のみを使ってもいい。私はゆっくり照明が変化して、知らぬ間に場が変わっている方法を好むが、逆に場を瞬時に変化させ、驚きを生み出す照明効果も狙える。照明が場の雰囲気の鍵を担っている感すらある。ときに真っ暗が大きな効果を上げて、他のシーンの明かりを活かす場合がある。ちなみに場面転換のための暗転は安易に脱し過ぎ、恥ずべき演出と認識した方がいい。若手演出家は暗転により場面転換を行いがちだが、暗転は照明効果の一部だとの認識は必須だ。

また、照明の照度が高いほど明るく見えるわけではない。明かりはバランスによって成り立つ。暗めの明かりでも人の顔がくっきり見える場合は、バランスの調整が計られているからだ。逆にわざと見えなくする明かりもある。全体に明るい照明だが、前方よりも後方からの明かりが強く当たれば、顔が見えつつ演者はうっすらとシルエット状に浮かぶ。灯体の明かりを観客の目に直接入れれば、目つぶし効果が狙える。うっすら漂うような霧状のスモークを出しておけば、明かりの線が見え、場を柔らかな状態に染められる。

通常、照明は真上、前方、後方、サイドから、あるいは床近くから当てることになる。舞台袖からのサイドライトや床からのフットライトをうまく使うと床に光を当てずに済む。それらの照明灯体を用いて演者に光を当てれば、人をふわりと浮かび上がらせる効果が狙える。舞台前方のフットライトは、後方に影を作り出せる。影の効果は大きく、場が一気に広がって感じられる。

このように照明効果は絶大だが、過度な期待をしてはいけない。照明は資金、時間と密接に結びつく。舞台をはじめて五年間、私はまったく照明変化を用いず、点いたら最後まで同じ明かりのままだった。資金も時間もないなか、無理して明かりに時間を割く必要はないと考えていた。今でも基本は照明なしでも見られる舞台、つまり演者の力に満ちた舞台でなければならないと考える。照明はあくまでも補助としての役割。しかし主役にはならないにせよ、絶大な効果で場を変容させる。

一九九五年、「城――マクベス」の明かり合わせのとき。二部構成作品の照明作りがひと通り終わった後、どうにも気に入らず、第一部はまったく照明変化をなしにして、第二部の変化を活かそうとした。もちろん照明家には説明し了承してもらった。変化はときにうるささを引き寄せてしまう。全体が生きなければ意味がない。

照明は他が良いからこそ活きる。内容がダメなのに照明だけが良い作品はない。また、レパートリーとしてのツアー作品のように移動しながら次々と公演を行うケースでは、照明効果は最小限にする必要がある。移動して設営し、すぐにバラし、が繰り返される現場では時間的制約が厳しく、灯体数や照明キューの多さが大きなネックになってしまいがちだ。

演者と観客に影響を与える要素

こうして設営される舞台空間だが、もっとも肝心なのは演者が躍動しやすいかどうかである。人が環境によって変化するように、演者もまた舞台空間の様子次第で気分が変わり、他者やモノとのコミュニケーション深度まで変わる。空間の変化は演者と観客に対し、強い心理的な作用を促すから、変化を作為的に作り出しもする。たとえば意図的に暗闇を作る。異様なほどの明るい空間を作る。場の色彩を瞬時に変える。光のオブジェによって、空間全体の見え方を一変させる。レーザーによって、場に真っ直ぐの光の線を引く……。視覚的変化はそのまま、演者の心に大きく響く。むろん視覚ばかりではなく、聴覚的、時間的変化も演者にとっては多大な影響を受ける要素である。

二〇〇一年に二〇世紀から二一世紀への橋渡しを考えて制作した「WD」という作品の冒頭。登場人物はゆっくり連続した動きで歩いている。場は照明によって明るい状態と闇の状態が交互にやって来るように設定。明るいときは照明の方向性を一変させた。たとえば、舞台上手からのみの明かりが二〇秒、突如暗転八秒、暗転中も動きは続き、突然明かりがバックから点くと動きはそのまま連続して二〇秒間点灯、再び暗転八秒……これを何度も繰り返した。動きの変化は少ないにも関わらず、空間の醸す感触は一変し、明暗入り乱れた激動の二〇世紀の全体像を暗示した。

「WD」の第三章は一九六〇年代から二〇〇〇年までの章で、舞台上空では会田誠が制作した巨大「うんこと出刃包丁」のバルーンオブジェが互いに追いかけっこしながら回転し続けた。この稽古中にニューヨークで九・一一事件が起きた。アメリカのアーティストも中国人アーティストも参加した作品で、二〇世紀はいかなる世紀だったかの検証真っ只中で起きた事件だった。すると、巨大うんこも巨大出刃包丁も見え方は大きく変わる。モノの意味に明瞭さが加わり、演者たちの馬鹿笑いが妙な気味悪さとリアリティーを持って観客に迫った。この章はあらゆるモノ、行為の価値が表面的には明瞭さを纏いつつ深部では不明瞭になっていく状態を描く章でもあった。ニューヨーク、北京のアーティストともに切迫感が加わって、それらオブジェはより一層、二〇世紀が奇異な世紀であったことを明示したのである。

二一世紀を暗示する章として描いたのが、第四章。四人が地上から二・三メートルの高さのストール上で空中遊泳するかの如く動き出し、数百個もの電球が仕込まれた棺桶状の光のボックスが三つ、上下に移動する光景からはじまった。演者は重力に苛まれつつ落下しかねない危機を感じて動く一方、観客に対しては重力を感じさせない浮遊的シーンを作り出して不安定な状態を感じさせた。背景の映像では骸骨が降り続き、舞台上では黒子が操作する等身大の骸骨が闊歩する。こんな状況下にあって、いかにして人間が人間の尊厳を保てるかどうかを問う作品として制作した。

火、土、水を使用すれば、舞台作品は絶大な効果を上げる。ガストン・バシュラールは、四元素（火、土、水、空気）がどれほど人間の想像力をかき立てるかを語り、彼はそれを物質的想像力と呼んだ。これら要素を直接舞台に使用すれば、演者ばかりか観客の心にダイレクトに深く突き刺さりやすい。生《なま》の力強さがそれら物質的想像力には存在するからである。「自然」から受ける感触は私たちの心に、根源に触れたかの如き感触を残す。たとえば海に入れば、地球と一体化したように感じられたり、大地に寝そべればなにか大きな力に抱かれているようだったり。夜、森のなかに取り残されれば妄想が膨らんで、身体中がピリピリとした感覚体となるほどの恐怖を味わうが、昼日中では清々しさに満ち、砂漠では、あまりにちっぽけな自分を感じざるを得なくなる……私たちは生々しい原初的な力を感じると、私たちの想像力が四方に羽ばたいて、その偉大さに圧倒されてしまう。

舞台上で火や土や水を用いた作品は、私が今まで観てきた作品の中でもきわだって記憶に残っている。ピナ・バウシュや太田省吾の作品のいくつかは物質的想像力がふんだんに含まれて観る者の心を拡張させる力があった。前述した真鶴半島での「パレード」公演も、海、岩、風、それらの匂いがたっぷりとまき散らされた公演で、ゆえに忘れられない記憶として残った。演者は物質的要素から強い刺激を受けてテンションが高まり、作品の出来自体も振り切れるほどの凄みが出やすくなる。物質が記憶の古層に訴え掛け、眠っている記憶を引っ張り出す。ただしそんな公演は潤沢な資金があるか、野外での実施でないと難しい。劇場を管理する側は、火、水、土ともに極端に嫌う。火事を起こす可能性はもとより、デリケートに出来ている現代の劇場であれば、舞台床を壊してしまう危険性が大だからである。

野外公演の多くが劇的に感じられるのは、屋外というだけで祝祭性を持ち、物質的想像力が演者、観客ともに高まるからだ。演者の内的劇性の高まりは、場と演者と観客との相互作用を促し、場はさらに強い劇性を放つ。すなわち屋外での公演はアプリオリに劇性を孕むため、観客の情緒は屋内公演を超えて高まりやすくなる。

建築と舞台

建築物、舞台空間ともに空間は主要要素だが目的は違う。ただ、舞台空間は建築物から多大な影響を受ける。ここでは建築空間をどう捉えて舞台空間と化すのか、あるいは建築空間が舞台に及ぼす影響について述べる。

現在は自然空間を丸ごと用いて舞台空間とするより、建築空間内で舞台作品上演を行う割合が圧倒的に多い。ただ屋外にあって、天井のない劇場空間や、舞台上部に屋根はあるが客席にはない劇場、どちらも多く存在している。二千数百年前のギリシャの野外劇場はもとより、インドネシアのプンドポのように三方から見られるよう出来ている伝統的半屋外劇場もあれば、新しく建てられる劇場でも完全野外、半野外劇場は世界中で見かける。

空間性に惹かれて舞台制作をはじめた私の創作最初期は、空間そのものに力を持たせたいと願った。舞台作品自体の空間力はもとより、いかなる場で公演を行うか、「場の力」があれば場に立つ人間をいっそう輝かしく見せられると考えた。

しかし次第にその考えを改めるようになる。力のある場所は劇性を生みやすくはするが、場によって増幅された劇性である。むろん悪いわけではないどころか、最大限利用すべきだ。ただし、そこでしかできない作品の強みは弱点を抱え込んでしまうのも事実である。もし場の力によって増幅させられた演目を別の空間で公演しようとすれば、作品自体が貧弱になり、それをも凌ぐ強い「身体の力」がなければ同等以上の素晴らしさを生み出すのは困難。つまり力ある空間を離れて、新たな感触を纏った空間を全身で感じ取り、その感触をガラリと変えられる力量ある身体が必要になるということだ。自身を触媒化し、場を通して内面に変化を起こさせられる力量があるかどうかが問われる。触媒化が可能になれば、建築物に力負けせず、変化に対応できるだろう。しかし簡単ではない。空間に負けない身体は一朝一夕にはできやしない。

また公演を行う場所に力があれば、シンプルな作品ほど問題は少なくなる一方、複雑な空間構造を持つ作品（ステージセットやパフォーマーのポジション、動きが細かく決められている、オブジェが多い、細かなテクノロジーを使う等々の作品）は、場が変われば、場がアプリオリに持っている力との間に軋轢が起きやすい。

それでも空間の声を聞き、場との対話を行いながら作品を生み出すのが基本である。空間によっては変更箇所が多々出て来るが、当然であって、その作業を厭うてはいけない。

二〇〇九年に制作した作品「パンク・ドンキホーテ」では、トラフ建築設計事務所が美術担当として加わった。結果は満足できる舞台美術になったが、舞台の美術と建築では成り立ちがまったく違うのを痛感した。建築物は構造的詐術であってはならず、人が住み、仕事をする建物は堅実な実用性が問われる。私の嗜好としては実用、非実用の境界線を曖昧にしておきたいのだが、ほとんどの建築物は人が生活や商売を行う実用のための限定的永続性を持った容れ物との条件がある。常にそこにいる人が快適だと感じてこそ成立する空間だ。
舞台作品の場合、大多数の建築物が半永続性を持つのと異なり、その期間はさまざま。何年間もひとつの公演を打ち続けるニューヨーク、ブロードウェイのような劇場地帯もなくはない。でもほとんどの作品の上演期間は数日から長くて数年である。旅公演を重ねる劇団は、瞬く間に仕込み、バラす。つまり旅公演の舞台セットは半永続性よりも、何十回、何百回も短時間でバラしては移動し、再び仕込めるだけの耐久性のあるセットかどうかが問われる。総じて、舞台セットの耐用期間は長くて数年間、多くは数日間から一カ月程度、スパンの違いは大きいとしても、まずこのくらいの耐用性があればよい。ここが建築物を造形する場合とまったく違う。よってかけられるコストもまるで違う。ただし例外はあって大理石を敷き詰めた舞台や客席を作って、数年間に渡り同じ演目を実施するための専用劇場を設えてしまう、太陽劇団のようなパリを拠点としたカンパニーもある。この劇団は商業系ではないが、芸術としての舞台公演を金をかけて実施するカンパニーとして稀有な存在だ。だがこんな組織を成り立たせるのは作品力を含むカンパニーの総力量だけでは不可能で、歴史や地の利といった総合的文化力が背景にあってこそ、である。ヨーロッパの文化の成り立ちと同じ状況を日本に求めても一朝一夕には不可能。私たちは私たちに合った形を生み出す必要がある。

さて、展示や公演等を行うための建築空間は、それらを見に来る観客に対しどんな役割、機能性を持つのか。建築物（外観、内観ともに）そのものに観客はいない（一部建築愛好家や有名建築家が建造した建物は除く）。劇場、美術館、映画館等にやってくる観客の目的はそこで実施されている演目や展示物の鑑賞、見学にあり、容れ物にはない。だが演目や展示ディレクター、キュレーターが場の空間性と深くコミットできていれば、建築空間自体も密やかに認識される。作品自体に力があってこその条件の下、観客の目と出し物、空間が相互に働きかけを行い、人の意識に、なにか凄いものを見た感触となって残り、時が経過するに連れて強い記憶に変わる。深層にまで達するには時間を要するが、そのために環境としての建築物の果たす役割は静かながら多大な貢献がある。

建築空間と舞台芸術空間では、時間的ターム、目的、人の関わり方が大きく異なる一方、両者とも空間を媒体とし、目で見、場を感じ取って認識に至らせる装置として機能する。むろん両空間とも設計者や作家、演出家等の芸術家の記憶から生み出された空間だから作家個人の意識が滲み込んではいる。けれど、元来劇場に必要なのは建築家の記憶ではない。「他者」の記憶であり「場が演目とともに作り出す記憶」の視点である。この視点を施主も建築家も持たなければ、場を介しての化学変化は起きにくい。つまり劇場空間は舞台作品を見せるために存在し、舞台作品により化学変化が起こされてはじめて空間は活き活きと躍動するのである。建築家はアイデンティティを持ち、否応なく建築物に自身の記憶は染み込むが、メディアの役割を強く担うと認識すべきだ。

劇場空間はなぜ存在して来たのか?

劇場空間は建築家や劇場を建てようとする首長のためではなく、観客と舞台作品の作り手のためにある。観客にとって劇場は、見やすく、聴きやすく、感じ取りやすい空間であって欲しい。舞台作品の作り手にとっては、創作自由度の高い劇場がよいが、ブッフ・デュ・ノール劇場のように制限のある劇場が悪いとは言えない場合がある。使いやすい劇場ではなくても、それ以上の利点があれば劇場空間としての価値は高い。一方、観客側からすれば、劇場が作り手にとって使いやすいかどうかはどうでもよく、良い作品を見せて欲しいだけだ。

舞台芸術作品はどこでもできるとは書いたが、劇場施設は世界中にあって、その優位性はゆるがない。その理由は主に次の二点。

劇場が存在する最大の理由は機能性にある。劇場にはすでに照明バトンや美術バトンが吊られ、客席はそれなりに見やすく作られていて、舞台があり、照明器具、音響機材が揃っている。音もまあまあ聴きやすい。多目的ホールを批判はしたが、そんな施設でさえ、最低限の機能性を持っている。大黒幕、ホリゾント幕、袖幕、文字幕……等の舞台で必要とされる幕類はすでに設営されて、簡単に動かすことができる。どんな場所でも上演は可能だが、規模が大きめの舞台作品を上演しようとしたとき、経済性を考えれば劇場の方がそうでない空間に比べはるかに安上がりで効果を上げやすい。もし劇場ではないスペースを舞台作品上演のために使用しようとすれば、まったく資金はかからないか、比較にならないほど大きな資金がかかってしまうか、そのどちらかになる。つまり小規模の作品で小人数の観客を相手にし、舞台を使わなくても成り立つ作品ならば資金はかからず、劇場内と同じような、いやそれ以上の効果を劇場空間を使わずに狙うのなら劇場をはるかに凌ぐ資金を必要とする。観客から見やすく、聴きやすく、演者が動きやすい空間は簡単には手に入らない。劇場と同容量の電力が必要なら、新たに大規模のジェネレーターを確保しなければならない、照明を吊るすにも新たに照明バトンを組み上げる必要があり、照明機材は全部借りてくる必要がある。また劇場空間以外では音響設計など考えられているはずもない。劇場ならば通常は揃っている基本的な設備、機能が他の空間にはないのである。

ふたつ目の理由として、舞台芸術作品のメディアとしての性質が挙げられる。太陽劇団のように、世界中からパリ郊外の専用劇場までわざわざ足を運び、見に来る観客がいる人気劇団ならば、自らの拠点をいかに有効機能させられる場に特化するか、考えればよい。太陽劇団はヨーロッパ文化の中心地パリにあり、フランス政府や自治体の理解とヨーロッパの歴史的経緯があってこそ可能となった。多くの国から陸路で入れる憧れの都市パリに行きたいと願う人は多い。ニューヨークのブロードウェイも、アメリカ国内の地方に住む人々を引き寄せて何年ものロングランを成功させてきた。世界中に広がるミュージカル好きも、多くのミュージカル劇場が集中するニューヨークのタイムズスクエアに集まって来る。むろんそうではない外国人観光客も一度は見ておきたいと足を運ぶ。しかし日本では難しい。地理的、文化的条件が日本とヨーロッパではまったく違う。

そこで旅公演にこちらから出向くことになる。そのとき使い勝手が良いのは劇場だ。どの国でも、劇場にはさほど大きな相違はなく、手続きひとつ取っても劇場ならば煩わしさは消える（とは言え、西洋型劇場の概念のない非西洋型の文化を持つ国家では、実はそんなに単純ではない）。図面を見、付属の音響や照明リストを見て、プランを組み立てられるのが劇場である。だから劇場を渡り歩きつつ公演が打てる。レパートリー演目を、劇場外で実施するのは多くの困難とリスクが伴ってしまう。

ツアーの場合、個々の劇場の声を聞くのはさほど簡単ではない。準備時間が少ししかない場合がほとんどだ。だがそれでも、場に足を踏み入れた途端に「空間の声」に耳を澄まし、変更すべき箇所を瞬時に判断し、指示を出さなければならない。

劇場という「場」には、人を集めて来た空間独特の感触がある。もし劇場空間が強い魅力を放っており、場とのコミュニケーションに割く時間が充分取れるなら、作品に大きなプラスをもたらす。しかしその魅力が強ければ強いほど、レパートリー作品として世界各国で展開するにはマイナスにもなる。いずれにせよ、どうあっても劇場空間と舞台セット、パフォーマーが交感し合うための最大の努力を演出家は払う必要がある。演出家は作品を作り上げたら終わりではない。本来は初演後も作品の質を保たせつつ一層の向上を図る義務がある。

高いレベルを維持しながらレパートリー化するには、場と作品と人との幸福な関係を保つ意識と、磨かれた感性を常に発揮し続ける粘着力が大事だ。場の声に耳を傾けるのはその第一歩であり、最後まで聞き続けること。「空間の声を聞く」のは、舞台芸術家としての必然である。

空間の幻惑性はなぜ起きるのだろうか

外国語を使った舞台作品が来日しての公演時には、よく字幕を使う。映画も字幕はあるが、舞台より映画の方が見やすさに勝る。それは映画では同一平面上に字幕が映し出されるからだ。舞台作品は脳が舞台空間の全体と常に対応しているため、ある平面の一カ所に映写される字幕は見にくく感じるのである。

この現象について分析してみたい。

空間を経由させることによって脳内に立体空間が作られ、実空間に存在するすべての要素がそこで再び構成し直される、としか言いようのない現象が観劇時には起きている。鑑賞者が自らの力でイメージを増幅させ、舞台上の人物にズームイン、アウトを繰り返しながら舞台鑑賞は行われるということだ。心が動くパートがあれば脳はズームインし、対象が全体であればズームアウトする。むろんこの作用は時間が大きく関係する。時間の流れが速ければ脳のズームレンズは速く動き、遅ければそれに従った動きをする。時間の流れ如何で、空間にいる人物やモノの見え方を脳内で好きなように変換させているのである。拡大したり、縮小させたり、隠してしまったり。

ところが映像ではこんなマジックは起こらない。作家の意のままにカメラ側でズームイン、アウトを行い、飛びたいところにカメラは飛んでいき、観客はその流れに身を任せればよい。舞台はそんなわけにはいかない。空間はほぼ固定化されているから、観客の脳に委ねられて、マジカルな脳内変換を無意識のうちに行わざるを得ない。脳のイメージ喚起力を利用することで、脳内に舞台空間を作り出し、実舞台と連動しながら興味のままにズームイン、アウトが行われるという舞台芸術にしか起き得ない劇的詐術が施される。

物理的には一定の時間を観客と共に過ごすのが舞台作品。その時間は、悠久の歴史から一瞬間までの表現を同じ物理的時間を使って示し得るが、それも脳内の立体空間を利用しつつイメージ力を喚起させて可能にしている。つまり実際に見ている像、感じている時間を脳内で変換させて、時間や空間の縮尺を自在に操作するという、きわめて能動的な作業を行わなければならないのが舞台芸術作品鑑賞の特徴なのである。だから能楽のように簡単に死者の世界と生者の世界を跨いだりできる。神の世界と人間界を繋ぐのも可能だ。非常にゆっくりした速度の作品を成り立たせることすら可能になる。すなわち人間界そのものを異化できる作品を、脳内空間を利用することで生み出せるのである。

このような作用を必要とする舞台芸術作品に接する機会は少なくなったが、実際にそんな作品制作は可能であり、かつこれぞもっとも舞台芸術を舞台芸術たらしめる作品と言ってよい。だが、であるからこそ舞台芸術作品を見る行為はさほどたやすい行為ではないと知れる。見て判断し、認識できるだけの力が必要だ。力量を得るには訓練と同時に、原初性を感じられる感性がなければならない。そしてそんな舞台作品の入り口には必ず空間への強い気付き、認識が存在し、だからこそ舞台上に多様な物語を展開できるのである。

第四章　時間について

ゴッドフリー・レッジョの映画「コヤニスカッツィ」は、超高速の速回しで自然や都会の映像が次々と流れ去る姿を捉えている。あまりに速く風景は流れ、格別な美しさがあるため、この世のことかどうか定かではない幻惑感を覚える。しかしその時間内に私たちの生はひっそりと組み込まれており、速過ぎるスピードは人間界で起きている事実のほとんどを覆い隠してしまい、なにも見えない。

私たちは驚くほど美しい風景を前にすると、それが永遠に輝き続けるかの如き錯覚を持つ。確かに心のなかでは永遠に輝くのだろうが、私たちの生命時間を基にすれば大地の変化はほんのわずかな変化でしかない。常に、一瞬間で捉える風景は通過点に過ぎず、時間の経過とともに崩れ、平坦な形や隆起した険しい形へと変わってしまう。四六億年の地球的時間軸にあっては一体の生物が見られる時間などいっときの、儚い姿ほどの形に過ぎない。

そんな時間軸とは異なって、生物界には別の時間が流れている。屋久島に生息するもっとも古い屋久杉は二七〇〇年以上に達するという。まことに短い命しか持たない植物もあれば、人間を基準に据えるならゾウガメのようにその二倍を生きる動物もいる。あらゆる生物には限りある命があって多様に分布しており、人間の基軸でのみ考えれば物事の見方は即物的、即時的になりがちだ。宇宙にまで目を転じるなら、ビッグバン以降すでに一三八億年の時間が流れ、いつかは宇宙ですら消滅する。そのときを迎えるはるか以前に、人類どころかあらゆる生物は絶滅し、なんの痕跡も残らないだろう。宇宙の変化は人間の時間を軸に据えてはなにも見えないに等しい。

生きている間、私たちは過ぎ去ってゆく時間をほぼ無意識に送っている。舞台作品に限らないが、時間を伴った芸術作品を制作するときには、物理的に経過する時間と向き合いながらも、作り出そうとする時間は実時間とずいぶん異なって多様である。それにも関わらず、舞台芸術家の多くは時間に対して曖昧な意識しか持っていない、いや意識的にはなりにくいと言った方が正しいか。実時間は先験的に私たちを取り囲んでいるため、時間そのものと対峙しているとは認識しにくく、新たな時間を作り出すけれど、時間と向き合っての創作行為が舞台を作る作業そのものとは思いにくい。しかし常に舞台創作者は、決められた稽古時間、初演までの限られた時間のなかで作品完成に至るまでの時間の組み立てや作品の長さ（時間）についての葛藤があり、時間という目に見えない要素に苛まれつつ公演初日を迎える。つまり意識的ではないにせよ、実時間と虚構時間を同時に感じ取って制作は行われている。ときに虚構時間が実時間に押し入って境界が曖昧になってしまうケースも起きる。

私が一九八三年に制作した作品「タイポ――5400秒の生涯」では、五四〇〇秒の間にひとりの男の誕生から、独裁者となって死ぬまでを描いている。「タイポ」はタイポグラフィ（文字のデザイン）の略だ。なんらかの力によって権力を与えられてしまった、つまり既存の力によってデザイン（設計、設定）化された男が決められた時間を決められたルートに則って生き、死ぬ、その生涯を五四〇〇秒という時間枠を嵌め制作した作品だ。この作品創作時は私自身が主人公の生涯を生きた感覚に陥り消耗し切った。虚構時間が実時間と一体化したかのような感触だった。二〇〇一年の「WD」では一九世紀末――二一世紀初頭までの一〇〇年強の時間を扱い、二一世紀に向けての展望を形にしている。そのときは予言者になったかの如く、新たな世紀、二一世紀の光景が頭の中で明滅した。二〇〇五年制作の「Heart of Gold――百年の孤独」では、ジャングルに村を切り開き、発展させた一族の一〇〇年の歴史が、一族最後の男とともに消滅するまでを描いた。本作品創作時は多くの時間軸が錯綜していたため、私自身の時間軸もまたときに狂い、しょっちゅう不思議な夢を見ては跳ね起きた。現在制作中の「マハーバーラタ」シリーズは数百年にも及ぶ時間を描いている。

この芸術は、限定的時間の枠内で多様な時間を展開させる芸術形態を持っている。一〇〇年もあれば、一〇年、一年、ひと月、一〇日、一日、数時間、一〇分、一分、一瞬……さまざまな時間の流れをほぼ「決定した」公演時間の枠内に収める創作である。「決定した」時間の長さには、規定も限定もない。数分の作品でも数日間の作品でも構わない。四作品くらいを集めたオムニバスで一時間の公演としてもよいし、出演者を変えながら一カ月間ぶっ続けで公演する形をとってもいいが、現代の観客の都合を考えて、今は公演時間を一時間から三時間程度とすることが多い。舞台創作は常に実時間と虚構時間を天秤にかけつつ、実時間を操作しながら継続する虚構時間の組み立てを図る芸術なのだ。ちなみに映画は虚構時間の組み上げを行うのは最後の編集時であり、演者や大多数のスタッフは継続感覚を味わえないまま監督に時間の組み立てを委ね、成り立っている。舞台芸術は「継続性」を見据えつつ虚構時間を作って成り立つ芸術である。

空間と時間は切っても切れない関係性を持ち、ひとつの「時空」という括り方をしなくてはならないと証明したのがアインシュタインの特殊相対性理論。しかし私たちの実生活は、特殊相対性理論で論じられた光速世界とは切り離された生活があり、実感はない。かつ「時空」と括られてもピンと来ない。それはそうだ。特殊相対性理論は宇宙的長大な時間軸との関連で語られてこそ認識できるが、一方の私たちが感じ取る実時間は別次元と言えるほど短い時間軸を持つ。ゆえに、ここでは時間軸を私たちの日常生活並びに舞台上に於いてのみの時間に限定する。

空間には目に見える物があるために認識しやすいが、時間の認識は時計に頼るか、太陽の位置で見るか、身体が感じ取るより方法がなく、時間は空間以上に曖昧で漠然としている。ボルヘスは次のように言う。「未来は現在の願望としてしか現実性を持たず、過去も現在の記憶としてしか現実性を持たない」……時間概念には過去、未来が包含されるが、常に流れ去り記憶化される時間を的確に形にするには、その性質を正確に意識しておく必要がある。

個人の時間は、「私」という限定性から離れられない。時間は記憶のなかに刻印された動かない時間として「ある」か、今この一瞬を生きるのみだ。しかし「この一瞬」は、常に流れ去って瞬く間に過去と化す、その瞬間の連続が「今」である。ゆえに「この一瞬」とはどの一瞬か判然とせず、私たちが意識できるのは「現在の記憶としての過去の時間」だけである。だから「時間」を扱うのは、過去と向き合いつつ願望としての未来を創造するきわめて難しい作業だと言える。空間を扱う時間芸術にとって「漠然とした時間」とどう向き合うかが、舞台作品を作る上での大きな鍵を握る。ライブ芸術はいかなる「過去を内包し、一瞬にして過ぎ去る現在の継続」を作り出すかなのだ。

時間は身体を通れば、きわめて感覚的、生理的な捉え方しかできない。しかし私たちは無理矢理、グリニッジ標準時の時間（時計の時間）に身体を嵌め込み、自らを現在の、機能性を重視する機構に組み入れようとしてきた。時間に正確であればあるほど、現代に生きる人間としての適正に優れているとでも言わんばかりに、である。

時計の歴史

時間の可視化をもたらした時計の歴史を記しておきたい。

時計のない時代は、大雑把にしか時間の把握はできなかった。少なくとも一分一秒単位での把握は不可能であった。それでも中国では定時法を用いており、優れた計測技術が発達していたと知る。定時法とは時間が等分に推移する時間法で、現在は世界中が定時法だが、機械式の時計が発達する以前は不定時法を用いた国が主であり、毎日、時間の長さが変わった。たとえば日本の江戸時代には日の出を明六つ、日暮れを暮六つとして昼、夜ともに等分に六つに分けたため時間の長さは日々変化していた。夏至までは昼間の時間が少しずつ長くなり、夏至から冬至までは短くなった。感覚的にはこの方が理に適う。庶民の生活は日の出とともにはじまり日が沈めば終わったのである。

時計が発明される以前、時間の推移は身体の感覚か太陽の位置、すなわち地面に落ちる影の方角、あるいは星、月の位置で感じ取るしかなかった。その後、紀元前二〇〇〇年頃に日時計が、次いで、水時計、砂時計、火時計（蝋燭時計）が発明される。機械時計の最初となったのは、九六六年、ローマ教皇シルウェステル二世が祈りの時間を村人に知らせるため、自動的に鐘を鳴らす機械を教会の鐘楼に設置したときとされる。その後、機械式時計は一八世紀に懐中時計となって小型化し、次第に大量生産され、個人が持ち運べるまでになる。第一次世界大戦をきっかけに腕時計が普及。こうして私たちの生活に時計はなくてはならぬものになり、時間に追われるようになった。大雑把でよかった時の刻みが、一分一秒単位で重要視され、私たちは「時間」に縛り付けられるようになっていった。

正確な時間とは

私たち日本人は子どもの頃から正確な時間感覚を持て、と教え込まれてきた。時間に対し正確に行動できるのが現代人としての規範であり、時間割に従って遂行するのが正しいあり方とされた。そして物理的時間枠に嵌って一方向に向かい、脇目も振らずに歩んだ方がより良い生活が待っていると言い含められてきた。だが他方では、私たちの体内にははるかに長く人類が感じてきた時間感覚を宿している。身体が感じる時間は、物理的時間とは異なり個々人や生活環境によって大きな相違がある。地球上に刻まれる時間はあるにせよ、ひとりひとりが感じ取っているのは、速かったり遅かったり伸び縮みしながら、民族や生活環境、個人のなかに息づいている時間である。

今、「正確な時間」とは時計の時間を指している。しかしまだまだ身体によって感じ取る時間性の習慣が残っている国、地域に行くと、人は時計時間だけでは動かないのがよくわかる。三〇分、一時間遅れは特殊ではない。最近インドの田舎町で、とある舞台公演を見に行った。開演時刻を一五分過ぎて「音響システムに問題が起きたため開演が遅れます」とのアナウンスがあってそれっきり、いつになってもはじまる気配がない。誰も騒がずにのんびりと待っている。結局、予定より二時間近く遅れての開演となった。

時計の時間に従わざるを得なくなったのは、ほんの数分、数時間で経済的損失が出やすい世界に生きているからで、そんな世界からは遠く、生理的な時間に生きる人たちには時計の時間は目安に過ぎない。だから三〇分遅れた程度では怒らず悠長でいられる。ところが経済発展に伴い、多くの国、地域が時計時間に縛られるようになった。身体時間から時計時間、デジタル時間に変わったのは、機能性社会では時間は経済と結びつき、それを追い求めるからだ。劇場も稽古場も正確な時間に開き閉まる。日本の劇場では出演者もスタッフも閉館数分前にはその場から外に出るために大慌てとなる。正確きわまりない閉館時間によって無慈悲に閉め出される。一分でも遅れようものならば公共施設ならブラックリストに載ってしまう。アメリカで公演する場合、ユニオンに属する組合員スタッフには要注意で、休憩、終了はどんな状態であろうが必ず契約時刻通りにストップさせる。「あとほんの少しで終わるのだが……」、そんな情緒は通用しない。身体という生理的容れ物を媒介にした芸術行為を行っているにも関わらず、大枠は規則に嵌められてがんじがらめ、経済効率が幅を利かせている。

しかしこの時間感覚に慣れてしまえば、時の刻みに対して鋭敏になる。私自身、体感的には時間の読みにさほどの狂いがなくなった。作品創作時には稽古が始まる前にシーン毎の細かな時間を割り出し、その通りに実践しつつ一秒、二秒を決定させる。この短い時間の積み重ねが観客側の場の感じ方を大きく変える。むろんこれは、舞台の凝縮性と大きく関係する。時間的な厳しさは作品の凝縮を生む。経済的凝縮の必要性から生まれた凝縮だとしても環境が変化してしまえば、時間感覚自体、凝縮された枠から逃れられない。

情報伝達の時間

情報伝達の歴史は、時空間が消えていった歴史と重なる。領土拡張含めての経済的欲望によって戦いが起きれば情報戦が活発になり、時空の感じ方の変化が加速した。

まず人は、自らの足で歩き大地を駆けた。その後、馬などの動物に乗って移動し、川や海を原始的ないかだや帆船で渡った。人はこのように、空間を体感しながらスピードを競い、情報の伝達を行った。その時代がとても長かった。ここから伝達のための空間性が薄れ、時間が短縮されるにはあまり時間はかからなかった。電信、電話、電波、ネット……と情報を飛ばし、受け取る時間は瞬く間に短縮され安価になっていった。今では地球上のどこにいても瞬時に情報を発信し、得られるまでになっている。

海外で公演を行う前準備として、外国の劇場やオーガナイザーとのやり取りは必須である。その手段として、二〇〇〇年頃まで主に活躍したのはファクシミリで、ときに電話をした。膨大なファックスのやり取りが行われた後、はじめて公演は可能となった。電話代は高額だった。相手国に着いてすぐ準備に取り掛かるために、条件面のやり取りを行い、劇場図面を取り寄せ、劇場設備を知り、計画を細かく練った上で渡航した。私が海外での公演を始めたのは一九九一年からで、それ以前はよくは知らないが、特にファクシミリが普及する以前（一九七〇年より前）に海外へ作品を持って行くのは相当な困難が付き纏ったはずだ。今、ネットの時代になってさえ、国や民族によって時間感覚（つまり文化意識）の相違が大きく、行き違いはしょっちゅう起きている。担当者がいつもやきもきしているのを見ると、ファクシミリ普及以前に海外での公演を行うこと自体かなり無謀で、行き当たりばったりの事象がたくさんあったと想像できる。

今では当たり前のように、インターネット環境があれば簡単に世界中と繋がって文字、映像、音を飛ばせるばかりか、顔を見ながらのダイレクトミーティングさえできる。隔世の感があるが、日本のように細かく丁寧、正確な文化を持つ国は少なく、異文化間の難しさを痛感する。とは言え、現在のネット環境は安価なコミュニケーションを可能にし効率をもたらして、世界中どこでも舞台公演を行うのにもさほどの難しさはなくなった。ただし情報とはなにか、である。実際に会って話ができれば、得られる情報はネットのみとは比較にならないほど多い。相手の表情、仕草、声のトーン、感触……

すべて情報だ。ネットでは得られない圧倒的なほどの身体情報は文字や映像を超えて情報に真実味をもたらす。顔や身体は当人の歴史そのもので、どんな生き方をして来たかが刻印されている。嘘の付けないメディアが身体なのだ。もし受け取る側が誤った情報として認識してしまったなら、欲望や期待値ゆえかも知れぬ。

情報化する芸術

複製可能なメディアが世に出る直前まで、すべからく芸術は生で見る、聞くしか方法はなかった。どんな芸術も時間、空間がピタリと寄り添っていた。今でも見聞きするのに時空間の共有はなくてはならない。複製メディアですらそう。しかしあらゆる面で容易になった。たとえばライブイベントでは会場に辿り着くまでの時間が、現在は極端に短縮された。交通手段が未発達だった昔は、実施される場に足を運ぶ時間、空間の体感なしには辿り着けず、興行師でもない限り、自らがいる場所に呼び寄せようとは考えつかなかった。小規模の町や村では直接芸術に触れられるとは微塵も思わない、そんな状態から、情報化した芸術は時空間の極端な短縮を人々にもたらし、芸術へのアプローチの方法を一変させた。複製が利き、情報として流布しやすいアートは今、電波メディアやインターネットを使えば世界中どこでも見聞きできる。そして私たちは画期的な新しさだ、メディア革命だと喜んだ。つい最近のことだ。

程度の差こそあれ、今、多くの芸術メディアでは情報化が可能になった。小説や詩がモノとしての本ではなく、電子情報としてのみ出版されるのも一般化してきた。ライブでしか音楽が聴けなかった時代から、ＳＰ、ＬＰレコードとして視聴すると同時に大きなジャケットデザインを見て楽しんだ時代、デジタル化され、ジャケットが小さくなったコンパクトディスク（CD）の時代を経て、音だけをネットで売買する時代に変わった。「音楽を聴く」行為は、複製された音楽を聴く行為で、ライブに行くのはハレの日のイベントであるかの如き行為となった。

モノや人が素材となるアートならば、展示現場に行かなければ体感できない。だが近似値で良いなら簡単に写真や出版物、ビデオ等で得られる。元来、近似値は近似値に過ぎず、リアル感は驚くほど欠落するが知識として得るだけならば充分な役割を果たす。

時間芸術としての舞台芸術

しかし録音された音楽とライブの音は相当な開きがあり、映像をどこで見るかによっても印象はがらりと変わる。映画館と自宅のテレビモニターの違いは誰でも明確に実感できるだろう。画面の大きさ、音量のダイナミクス、音質の相違、客席の椅子等、異なる要素はたくさんあって、同一の作品であってそうではない。同一というのは幻想に過ぎないのだが、舞台芸術に関しては幻想すら入り込む余地がない。この芸術形態は多くのメディアミックスによって成り立つ包括的な芸術で、情報量が比較にならないほど他の芸術形態に比べ、多いからである。

音楽、映画、舞台……時間芸術は絶対に作品と視聴者が同じ時間を共有しなければ良し悪しの判断ができない芸術である。それに加えて舞台芸術は、「演じ手と同一空間、同一時間に観客がいる必要がある」という困難が待ち受ける。「同一空間にいること」＝「同一時間を共有すること」だが、空間の側面からのみの論述では片手落ちで、同一時間を共有するために起きる現象があるから、時間側からの論述は不可欠である。たとえば、「はじめに」で書いた「別時間軸に入り込んだ身体のゆっくりした動き」を見たときの反応だ。それは脳内空間の作用によって起きるが、時間的幻惑により見る側の時間軸を変え、心象を変えてしまうからこそ起きる。時間の共有化がそれを促している。

また、舞台芸術の特徴として、ひとつの作品内において多種の時間操作が観客と同一時間軸上で行われることが挙げられる。舞台上にはさまざまな時間軸が作り出せる。かいつまんで言えば、同時進行で異なった時間軸が現れる、瞬時に時間軸がずれる、時間軸自体がゆるやかに、あるいは急速に変化する……等。少し解説したい。たとえば時間の流れを突如一変させるのは、舞台芸術メディアでは案外たやすい。瞬時にパフォーマーの動きや明かり、音を変えれば、観客の感じる印象はガラリと変わる。私もこの手法をよく使う。ところが舞台を映像で撮影してテレビモニターで見ると、この効果が極端なほどわからない。時空間を共有するがゆえに圧倒的な量の情報が身体全体に押し寄せて来るか、そうでないかの相違だ。映像を介すると、特にスピードの遅い動きはまったく時間が保たず、退屈なだけになる。非常に遅い動きを主体としたロバート・ウィルソンの「聾唖者の視線」や太田省吾の「水の駅」を、私は舞台、映像の双方で見ているが、舞台と違い映像では冗長にしか感じられない作品となっていた。空間が保持していた濃密な情報が消えて平板になったからだ。舞台上の幻惑性が消えると実時間が露わになる。時間のマジックは空間要素、身体要素と不可分に結びついて、その幻惑的要素を形作る。

舞台上の時間はどこまでの表現が可能か？

私たちはみな「悠久」を見ている。「一瞬」を一瞬と感じずに見た経験がある。それは夢や、意識が弛緩した状態を思うだけでよい。朝うつらうつらしているときには、ほんの一瞬がとても長い快楽の時間に思えて、いつまでもその状態が続くことを願う。嫌いな人物と話をすれば途方もなく長く感じる時間が、好きな人なら瞬く間であるとか、人は時間を、置かれた環境にあっての感情、感覚のままに引き延ばしたり縮めたりしている。また、夢は一瞬の出来事にも関わらず、とても長い歴史を見せてくれる場合がある。私自身、私の誕生以前から死ぬ間際までを見たと感じた経験がある。むろん夢だ。整合性はなく、一生と感じた理由は判然としない。なにをどう端折り、どこをどう折り合いを付けたかすら覚えていない。が、強い感触として残っている。これは一瞬にして悠久を見た感覚であると同時に、一瞬ですべてを掬い取った感覚であった。さらには一瞬は悠久と繋がって、時間が消滅するが如き感覚ともなって残っている。

このような夢の如き時間を、映像、舞台ともに表すのは可能だ。しかし舞台の方がより可能性が広がりやすいと考える。あくまでも以下は推論として示す。

……夢は脳内で見る。脳内に空間を広げて展開する夢は、多角的方向性を持ったイメージの寄り集まりだ。だから整合性がなくともそれらイメージが勝手に結びつきすべてが繋がった感覚となって残る。もしそうなら、夢は脳内で空間として再構成される舞台表現に似ていると言えなくもない。舞台もまた時空間を介在させることで脳内のイメージ力に訴えかけ、その力が「一瞬」や「悠久性」を引き出しやすくする。……こう私は考える。

時間の要素について

そこで時間を操作し、舞台作品として成立させるにはどうすればよいのか、検証してみる。スローで動くワークショップ作品を例に挙げて観客側の感じ方を記述する。

きわめてゆっくりした動きであれば観客の集中度は高いが、演者や場のバランスが崩れたと感じるや否や集中力が薄れてしまうのが「ゆっくり動く」動作の鑑賞であり、演者側も同様だ。観客は演者の一挙手一投足のわずかな動きに目を凝らす。と同時に耳はきわめて繊細に空間を感じ取っている。あらゆる音が観客の脳に染み込んで浸透し、場の全体を感じさせている。空調の音、衣擦れの音、呼吸音、身体から漏れる軋み音、外から入って来るかすかな喧噪、扉の開閉音、撮影者がいればそのシャッター音、観客席から漏れる咳、そして微妙な音量で操作される音楽……耳は意識せずとも研ぎ澄まされて音を敏感に感じ取っていく。人間が生きた身体を持っている限り、音がないと感じられても必ず音は存在している。

観客は音がきちんと鳴っている状態に対して、朧な、音が薄い状態を聴き取り、その強弱の積み重なりからリズムを感じていく。音楽的リズムでなくとも、存在するあらゆる音が複雑に絡み合ってリズムとなっている。ワークショップでは私自身が出来合いの音楽を即興で入れ（ときに私自身でパーカッションを叩くこともある）、ときに照明操作も行うが、それは、時間的、空間的なリズムを複合的に作り出すためだ。

日常の音に耳を澄ませば、どんな場にも相応の音があり、音の薄い状態と比較的大きな音、ときにびっくりするほどの大きな音が呼応し合いながら流れを作り出し、リズムとなるのを知る。一方、舞台に目を転ずれば、リズムには聴覚に訴えてくるリズムばかりではなく、目に見えるモノの動きや演者の動きのリズム、個々の身体が持つ特徴的なリズム等々の、視覚のリズムがあるのがわかる。きわめてゆっくりした動きであれば、人々の動きのなかで少しでも人より速く動く人がいれば、見ている側はノイズを感じてしまう。当人は自分の感覚に即したスピードで動いているつもりでも、見ている側はひとりだけ違って映る。一緒に参加している人々は実行者にノイズ感を抱くが、往々にして当人だけは気付けない。いや、行為者自身が認識しているケースも多いのだ。それでもやってしまうのは、人よりわずかに速く動くがゆえに自分が意図した行為はすべて可能になり、独裁者になれてしまうからである。全体のリズムが感じられなければこんな現象が起きる。

ちぐはぐなリズムは、特殊なほどの遅い動きに限って起きるのではない。舞台作品はすべて同じ構造を持ち、いかなるリズムが作り出せているかを演者も演出家も強く認識しながら、整合性を持たせようと腐心し調整する。音はどんな状況下でも発生している。視界に映し出される動きがある。そしてそれら相互のリズムの渾然一体性を作り出せなければ場は破綻へと向かう。舞台上の時間は聴覚と視覚のリズムが混じり合うことで成り立っている。

舞台作品の「時間」考察はリズムが大きな鍵を握り、その考察が曖昧な「時間」を解き明かすと推察できる。そこでリズムの大本である音について述べた後、聴覚リズム、視覚リズム、双方について語る。そして双方のリズムが混じり合ったときの「時間」の感じ方について述べたい。

音について

音は時間、感覚と直結している。時間芸術にあって音はきわめて重要であり、場に鳴るすべての音の織りなす情景が空気感を作り出している。足音、呼吸音、オブジェが鳴る音、空調音、音楽、台詞、歌、遠くの叫び声、犬の鳴き声、潮騒の音、車の走り去る音……等々、音は縦横に絡んで共振を生み、共振は物語性を育む。台詞がある演劇ではいかに台詞を語らせるかに腐心し、舞踊ではどんな音楽を使うかに音の意識は向かいがちだが、舞台の音はさほど単純ではない。どうしたらすべての音から物語を生み出せるか、注力すべきである。音が織りなされて生まれるリズムがあってこそ「物語」を感じさせられるからだ。そこで、リズムについては後述するとして、まずは音そのものについて。

音を感じるには絶対に時間が必要だ。時間が消えれば音も感じられない。音に長さがないことになってしまうからだ。よって「音が聞こえる」とは「時間を感じる」に等しい。音は生きている人間である限り聞こえている（聴覚障害者に関しては後述する）。完全無音を謳う室内でさえ音は起きている。演者、観客ともに生きた個体だからで、生きていれば心臓は常に鳴り呼吸する。演者の呼吸音や足音はもとより、血液が自身の身体を伝う音を聞いてしまう。勝手に身体が音を生み出すこともあれば、脳内にことばが生まれ語り出すケースもある。耳鳴りや幻聴が起きる等々、人の身体は無音状態に置かれると不安が生じるためか、自ら音を作り出しさえする。人間は音世界に生きていると言ってよい。


作曲家、ピアニストの中川俊郎は子どもの頃、線路に耳を当てて音を聴くのが大好きだったと言う。彼は線路から列車音だけを聴いたのではない。その上を通過する車の音もあれば、人々が歩む音、風が線路を伝う音、遠くの街の情景……。線路を通して響いて来るいろいろな音をイメージ豊かに聴き、想像を膨らませた。線路の奥からどれほど多くの風景が見えたことか。こうして中川少年は世界を見ようとしていた。

武満徹は次のように述べている。「作曲家にとっていちばん大事なのは聴くってことだと思うんです。音楽を聴くだけじゃないんですよ……命っていうか生きてるものとか、自然とかすべて、それを聴くっていうことが大事なんですよ」。……これはなにも作曲家ばかりではない。演者、演出家、両者にとっても重要で、武満は以下のようにも言った。「『聴く』ということは（もちろん）だいじなことには違いないのだが、私たちはともすると記憶や知識の範囲でその行為を意味づけようとしがちなのではないか。ほんとうは、聴くということはそうしたことを超える行為であるはずである。それは音の内に在るということで音そのものと化すことなのだろう」。
谷川俊太郎の詩、「みみをすます」を少々長いが引用しておきたい。この詩は音から広がるイメージの飛躍をはっきりと示している。

みみをすます
きのうのあまだれに
みみをすます

みみをすます
いつから
つづいてきたともしれぬ
ひとびとの
あしおとに
みみをすます
めをつむり
みみをすます

(……)

みみをすます
しんでゆくきょうりゅうの
うめきに
みみをすます
かみなりにうたれ
もえあがるきの
さけびに
なりやまぬ
しおざいに
おともなく
ふりつもる
プランクトンに
みみをすます
なにがだれを
よんでいるのか
じぶんの
うぶごえに
みみをすます

（……）

みみをすます
じゅうねんまえの
むすめの
すすりなきに
みみをすます

みみをすます
ひゃくねんまえの
ひゃくしょうの
しゃっくりに
みみをすます

みみをすます
せんねんまえの
いざりの
いのりに
みみをすます

みみをすます

いちまんねんまえの
あかんぼの
あくびに
みみをすます

みみをすます
じゅうまんねんまえの
こじかのなきごえに
ひゃくまんねんまえの
しだのそよぎに
せんまんねんまえの
なだれに
いちおくねんまえの
ほしのささやきに
いっちょうねんまえの
うちゅうのとどろきに
みみをすます

（……）

みみをすます
きょうへとながれこむ
あしたの
まだきこえない
おがわのせせらぎに
みみをすます

この詩は音を語ってあまりある。「めをつむり／みみをすます」ならば、音は想像力、ときに妄想力をともなって、時空を瞬く間に超えていく。聞こえない音までも耳を澄ませば聞き取れる。壁を越え、国境を越え、あらゆる空間を超えて「いっちょうねんまえの／うちゅうのとどろき」を聴き、「あしたの／まだきこえない／おがわのせせらぎ」まで感じ取ってしまう。時間、空間を超越しながら音は時間を伴い私たちの想像の扉を開く。耳を澄ますとは全感性を傾けて空間と時間に向かい合い、まるごと感じるということ。時間にぴったりと寄り添いながら、音はどこまでも私たちの感性を広げてくれる。ただし大切なのは「めをつむる」こと。視覚情報は認識を限定させる方向へと向かいがちだ。目に映った光景は耳で聞き取った音よりも認知性が強く記憶に定着しやすいから、深くなにかを感じたいとき私たちは目を瞑って視覚を遮断し、自在の感性、時間の膨らみを手に入れようとする。

無音に感じられる空間でも、実際にはさまざまな音が存在している。目を閉じて耳を澄まし、音のみに感覚を集中させれば、無数の音が私たちを取り巻いていると知る。しかし人は都合良く音を聞き分け、聞かずに済ませられる音は脳が認識しないよう選別してしまう。現代社会に生きる術として、私たちは耳を塞いで生きる訓練を日常的に行っているため想像力は壁にぶつかり遮断され、広がりが出にくい。しかし眠らされた聴覚器官を刺激、発掘し、感覚を最大限押し広げられるなら新たな世界が顔を出す。鋭敏な聴覚は「時間」感覚を研ぎ澄まし、舞台芸術の見方を広げていく。

二三年前、アメリカ、ネバダ、真夜中の山中をひとり、車を走らせていた。疲れ切って休憩しようと停車し、車のライトを消して車から降り見上げた、と総毛立った。星々が一面に瞬き、「星が降る」とはこういうことか、と目を丸くしたのだった。日本ではまず見ることのできない星の数。空一面に光のグラデーションとして瞬きながら、星が空を隙間なく埋め尽くしている。無数の光が降り注ぐ暗闇の場所だ……私はうめき声とも感嘆ともつかぬ声を漏らしたそのとき、地鳴り音を聞いたのだ。それは徐々に大きな音に変わって私の脳内を巡った。漆黒のなか、無限に広がる天空の星々が降ってくるほどの圧倒的情景を身体中に浴びて、極端なまでに鋭敏になった耳が聴き取った音だったと思う。場が私に対して、轟音を身体に取り込め、闇や星の光、大地の深さと一体化せよ、と叫んだ声だと感じた。劇的な時間だった。

私は海の側に育ち、子どもの頃は、夏になると海で遊ぶのが常だった。未だに忘れられずにいるのは潮の流れの恐怖である。引き潮に一気に引っ張られては沖へと運ばれた。とても恐い体験だった。泳いでも泳いでも引っ張る力の方が強く、身体は沖へと流される。この恐怖は海の底なしの力を感じるからだが、同時に耳のなかでなにかがグウーンと唸り、波のボチャボチャいう音が絶えず鳴って恐怖を倍加させた。実際の音なのか、本当に音を聞いたのかどうかは怪しい。だが潮に引き込まれたときの音の感触は記憶にこびり付いて離れない。恐怖心が生み出した音だったと思わなくもない。けれど、今でも音を耳の奥に再現させるのはたやすい。不気味な波動音で、その時間は永続性を持って、「いっちょうねんまえの／うちゅうのとどろきに／みみをすます」感触がある。それは意識の表層を超えて響いて来る、時空を超越した音だと思いながら私は潮の流れに身を任せた。

音は時間そのものだが時間を超えて意識を拡大させる。そしてその重なりが生み出すのはまだ見ぬ世界に向かっての可能性だ。音は出ていればよいのではない。多様な音の結び付きが私たちの意識を刺激し覚醒させるから、結び付き方は重要で絶妙さが要求される。それが「リズム」になる。

リズムとはなにか

オクタビオ・パスは次のように言う。「リズムは単なる拍を越えた何か、部分に分割された時間以上の何かである。打と休止の連続は、ある種の意向、つまり、ある方向の如きものを明らかにする。リズムはある期待感を誘発し、ある切望を惹起する」と。

リズムとは「起きること」と「起きないこと」、「濃い部分」と「薄い部分」の連続する時間だ。それはあらゆる事象、現象に存在し、「ある方向の如きものを明らかにする」。

私たちの周りの仲間内、家族間、学校の教室、職場等の小さなコミュニティーはもちろん、私たちの身体の内側、スポーツの試合、戦争……等々、すべての世界は「起きること」と「起きないこと」が連続体となって波動が生まれ、方向性を作っている。しかしいろいろなベクトルを持ったリズムがぶつかり合いながら常に出番を伺っている状況でもある。そこから主流のリズムが顔を出す。そのリズムが不快で危機を感じようが、リズムが増大すれば時流を作り、巻き込まれてしまえば身動きができなくなる。リズムに狂いが生ずれば混乱が起き、混乱は人々の間の不安を増大させ、解体を引き起こす。

東洋医学では陰陽のバランスの乱れが病気を招くとするが、リズムの崩れと言ってもよい。サッカーの試合を見ればリズムの大切さを知ることができる。練習しフォーメーションを決めるのはリズムをたやすく作り出せるようにするためだ。しかしよりリズムの良いチームと対戦すれば、すぐさま乱され瓦解してしまう。サッカーの試合ではリズムの良し悪しは一目瞭然で、どんなにボールを支配していても「起きること」が起きなければ点には結びつかず、「起きないこと」に時間が支配されればリズムが狂い、敗戦を迎えてしまう。ひとりの傑出したプレーヤーがいるだけでは良いリズムは作れず、「起きること」の連続形が作り出せなければ、「期待感の誘発」が生まれない。もちろん傑出したプレーヤーが突然悪いリズムを断ち切って良いリズムに変えるケースはある。だが良くなったリズムを活かして軌道修正を図れなければ、「起きないこと」ばかりの時間へと簡単に引き戻されてしまう。傑出したプレーヤーによって作られた良いリズムを他が補填しリズムが恒常的に生まれれば、チームとしての強さがはっきりと見えてくる。その一方では相手のリズムを崩すためにさまざまな仕掛けを施す。

自然は穏やかに、そしてときにダイナミックに変化する。たとえば、風が吹き、嵐になり、突如激しく大地を叩き付けるかと思えば太陽光が覗く、と瞬く間に静けさが支配し、ジリジリと熱塊が襲ってくる……この変化も強烈なリズム変化だ。変拍子が入って亀裂が生まれるかと思うと別の流れに吸収され、こんなことを繰り返しながら自然の形は変化し続ける。ときに偶然が作用して複数の台風が集い暴力的なまでに成長する場合もあれば、強い台風が周辺部を巻き込んで大きく変化する場合もある。ときに風の動きも雨の強さも太陽光も弱々しくなって湿気を含みつつ急速に穏やかさを取り戻す。まるでそこには「時間」の目があってリズムを見つめ、調整を図っているかのようだ。

どんな場合でも発生し続ける音や動きが蠢きながら出番を待つ。どんな状況下でも破壊と整序のベクトルが存在し、共に韻を踏んでは方向性を探り出番を伺う。そして偶然が次なるリズムの台頭を促す。これは私たちを取り巻く社会要素すべてに当てはまる。社会、政治、経済、事件、みな韻を踏みつつリズム化している。混沌のなかにあって、機が熟せば、弱体化するリズムと軌を一にして新たなリズムがにゅっと顔を出し、時代のリズムに変貌する。思想も同じ。パスは言う。「われわれは思考が韻を踏んでいるのを感知する。その時われわれは、思想や句もまた、リズムや呼びかけやエコーであることを認めるのである」。

私たちはリズムに乗り、かつ私たち自身がリズム体となって生の形を作る。変動するリズムが幾層にも重なり合って調和と乱調を生み出し、新たなリズムの登場を待つ。

聴覚のリズムについて

壮大なリズムからパルス的な小さなリズムまで、多くのリズムの組み合わせによってあらゆる現象は動いている。舞台では聴覚のリズム（音のリズム）と視覚のリズム（空間のリズムと身体のリズムからなる）が多様に、複雑に絡み合いながら複合的な時間のリズムを作り出し一体化してリズムとして感じられるのだが、まずはそのリズムを各々別個に解説したのち、統合させたい。最初は聴覚のリズムから。

聴覚のリズムは、前述した通り、音楽ばかりではなく、あらゆる音が混じり合ってリズム化されたものだ。私たちの日常の音もまた、バラバラに生じているかの如くだが、都会では通奏低音が鳴り、その唸り音の上にある音、たとえば車の走り去る音、クラクション、冷蔵庫が鳴る音、扇風機の音、子どもの笑い声、怒り声、野球のボールを打つ音、人の話し声、泣き声、犬が吼えからすが鳴く声……等々、たくさんの音が次々とミックスしては世界の基調音のように鳴り渡って感じられる。時空の壁を消して永遠に繋がるかの如し、だ。生活音ですらそうなのだから、耳を澄ませば時空を超越して、音の重なりがリズムを生み出し、アナロジカルに私たちの感覚を磨き変貌させ、脳内にいくつもの見えない風景を見させてくれると知る。

舞台上はどうか。音楽や音響効果音、声、台詞、走る音、歩く音、機械音、照明音、呼吸音、客席の音……「音の鳴るすべての時間」と「音の薄い時間」が混在化しながら強弱によってリズムが作り出される。もしも演者、観客が聴覚障害者ならばどうか。彼らは鼓膜で音を聞けずとも、他の体内音含め、自身の身体を媒体として音を感じ取るそうだ。ましてや聴覚障害があれば、別の器官が発達し鋭敏になる。私は、ある聾者の劇団に台本を書いた経験があるが、音楽のために用意した楽器は太鼓だった。低音が身体に響くと聞いたからで、太鼓音を基調の音とすべく台本に書き込んでいる。

客席の音は重要な音要素だ。作品の出来が良くなければ客席の集中力は弱まって、観客は咳払いをしたり、尻の位置をずらしたり、子どもが声を上げたり、ついにはいびきまで聞こえて場はざわつき、瞬く間に音のリズムが弱くなる。さすれば、客席音に舞台上の音が引っ張られる。演者に焦りが生じて妙に声を張り上げうわずって、さらに音の狂いは動きのリズムを狂わせる。こうして次第に作品は不快な波動に覆われてしまう。

二〇一三年にカンボジアで創作をし、プノンペンの国立劇場で「マハーバーラタ第一部」の初演を行った。プノンペンではまだ電気の安定供給がなされていないため停電が起きやすく、発電機を入れての電気供給となった。しかし現地業者は同じひとつの発電機から音響用、照明用の電気を取り出そうとしていた。でもこの状態で照明を使えば音にノイズ音が入るは必定。しかし音響業者はノイズは文明の音だと主張し、ブーンと鳴る音は格好いい音だと言って譲らない。大音量で鳴らしながら演奏を行うロック系ライブならばノイズは気にならないかも知れないが、微妙な音が続く舞台作品では雑音は次第に不快感を招く。現地業者には説明し、発電機を二台に増設して効果のほどを確認し納得してもらったが、微細さを積み上げる舞台ではノイズは簡単にリズムを崩す原因になる（笑い話ではなく、実際にまだ多くの国では「音響」、「照明」の凝縮がないために起きる問題である）。

舞台に於ける聴覚のリズムはそれ自体として成り立たせられるほど精緻に組み上げる。音は感覚に直接訴えかけ、リズム化すれば観客の心の奥深くに沈潜する。聴覚リズムは左脳的理解を超えた部分で心象風景を形作る。耳に入るリズムは人間の根源的な感性と直接繋がって、感覚的な風景世界との間に通底口を作り出す。

視覚のリズムについて

視覚のリズムは、目に映る画像の移り変わりによって得られる。舞台作品を見ているとき、その画像は平べったい二次元画像ではなく、脳に作られた空間と連動した伸縮自在の立体画像となって私たちは認識すると考えられる。観客の視界に入るのは、演者の身振り手振り、動き、踊り、衣装の動きや色、舞台セットの形と色、オブジェの動き、照明の変化、色味……等々。もしも屋外での公演であれば、自然要素が加わる。

こうした要素が絡まり合って、実際に見えていながら、脳内で再構成された画像のリズムを作り出す。演出家は常に「動くこと」と「動かないこと」を連動させながら、空間を使い切って構成していく。

身体は視覚リズム要素のひとつである。ただしなにもない黒一色の空間のなかで舞踊家が踊ったからと言って、視覚的リズムはその身体とイコールとはならない。照明が入れば、視覚要素として作用し、衣装があればその動きもまた視覚リズム要素となる。目に映ずる情景、人物、衣服、照明、モノ等の動きのすべてがリズム要素だ。また、目に映るのは形のみではない。身体は、ときに爆発的なエネルギーを出して激しく動くが、ほとんど動かないままに同容量のエネルギーを放出する場合がある。身体リズムを単なる動きと捉えてはならない。動かない身体が凄まじい力を発揮して場を作ってしまうことがあるのだ。かつ身体のエネルギーが強ければ、他のリズムを強引に巻き込んで、新たなリズムさえ作り出す。

私たちの眼は強いエネルギー体に引き寄せられる。脳はそこを拡大し精査する。しかしどんな場合であっても、網膜に映る他の要素が弱くてよいとはならない。脳は見ていないようで複合的に感じている。ある一部しか集中していなくとも、後で他の映像がじわじわと効いてくる。中心になる動きだけが良ければいいのではなく、全体の視覚リズムを常に想起しておかなければならない。

寺山修司の劇団「天井桟敷」最後の作品として一九八一年に上演した「百年の孤独」は次の通りであった。記憶に相違がなければ……真ん中にひとつの舞台、それを取り囲むように四つの舞台が設えられ、舞台間に客席が四つ設置された。そして中央含む五つのステージで同時に別の演技が行われたため、すべての演技を観客は見られなかった。メインの、真ん中に位置するステージは誰からも見えたが、四つのエリアの観客は必ず最低一カ所、同時には見えない場所があり、エリアによって観客の視覚リズムには多少なりとも違いが生じたはずである。ただし見えないステージは見えにくいだけで、見ようとすれば見られたし、ほぼ三、四カ所のステージは常に視界に入っていたから全体をぼんやりと捉えることはできた。そうして真ん中の舞台が終盤、バベルの塔のように空中高くせり上がり、ラストに向かった。それは見えない場所含めての、五つの舞台で進行した視覚のリズムが徐々に変貌しながら、最終的には中央の舞台に集約されて大きなリズムとなり、塔のせり上がりへと導かれたかの印象であった。視界の隅に常に入っていた動きがあってこそ連動したリズムを生み出し、ラストのダイナミズムが生み出されたのだ。

聴覚と視覚のリズムの混淆から生まれるリズム

台本や舞踊テクニック、演技、美術、オブジェ、音楽、音、光……多くの重要な要素があって、それらを総合的に捉えながらリズムの響き合いを生み出すところに集約点があり、舞台作品としての時間が結実する。時間は、聴覚リズムと視覚リズムが混じり合い、調和と乱調を抱えながら渾然一体性を意図し、歯車を噛み合わせようと努力することで、舞台の時間と「成る」。

では、聴覚リズムと視覚リズムはどのように調和するかだが、簡単には説明できない。なぜその聴覚リズムに対しこの視覚リズムが、あるいは逆にこの視覚リズムに対してその聴覚リズムが嵌められるか、演出家、演者によって異なり、一概には言えない。音楽を使う、使わないも演出家がどんなリズムを作り出したいかに掛かってくる。情緒的なシーンで観客の感情に訴えかけようと叙情的な音楽を使うケースは多いが、ノイズ音を使う、音を加えず緊張を保たせたリズムを作り出す等々、演出家の思想、嗜好によりまったく変わる。ただ、肝心な点がある。舞台芸術には多様な創作方法があるとは言え、この芸術形態の特徴として、情報を超えた「悠久性」を持ち得るメディアだという点である。

それを可能とするには私たちの深層にあるリズムを理解しているかどうかにかかっている。いや、理解というより、その感覚を忘れずに保持しているかどうかだ。「深層のリズム」は私たちが意識する、しないに関わらず、記憶として持っているリズムのことで、個人として育んだ歴史リズムはもちろん、大自然のリズム、海のリズム、大地のリズム、母親の胎内に流れていた血流の音や心臓の音、揺れていたはずの羊水のリズム……これらリズムまで包含する。どんなリズムなら安心し、不安を覚えるかはヒトである限りほぼ相違はなく、さすれば共通のリズムがどういうものかは簡単に認識できる。よって本来は誰でも深層に横たわるヒトのリズムを持っていると言えるのだが、往々にして私たちは目先ばかりを追いかけるあまり、そのリズムを忘れてしまっている。

音・リズムとの対話

音、リズムとしての「時間」は、舞台では絶対的な鍵を握る。しかし演劇の現場では戯曲の大切さが語られ、文学領域に軸足を置いたまま俳優の演技を見る仕組みから離れられない。リズムは大切だが音は根幹になく、効果としての重要性しか顧みられない作品がとても多い。舞踊はどうか。音に合わせて踊る芸術であり、「音に合わせる」音は音楽のことだと思い込んでいる人が多い。音は多彩であり、未知領域に向かって広がりを持つ要素なのだが、そう考える振付家がさほど多くはないのが現状。音に対する認識力は低いままだ。

空間との対話は絶え間なく行う必要があり、また作品制作は音やリズムとの対話によって進む。ただ、空間に比べて音のリズムは時折強いメッセージを放ち、しばしば作者の意図を超えて立ち現れる。作曲家が小さな、重要な音と認識せずに入れた音があったとする。稽古が進み場面が進行するに連れて、全体はもとよりシーン毎に醸成された時間の流れが形成されると、このタイミングにはこの音しかないという、作曲家の意図しない重要性を纏った「部分の音」が強調されるケースが出てくる。「部分」が微細なメッセージを放って場に変化を要求するとでも言えばいいか。演出はリズムを辿っているから、全体のリズムを保つにはその音を聞き取らないと動きや流れに支障が出てしまう。空間要素でも同様のことは起きる。しかしそれは次第に思考が深まった結果として起きるが、音は徐々に明確になるのではなく、時間のリズムを演出する最中、突如、変化への意思として現出する。音はきわめて感覚的だ。

複雑で多くの要素が入る舞台芸術では、現場で生じてしまう音は消せない。音の遮断が可能なら遮断すればよいが、無理ならばすべての音を活かしてリズム化する時間の創出を考えることだ。音をプラスに転じさせるのはさほど難しくはない。息遣いも足音もモーター音もオブジェが発する音も一瞬の静けさも、すべての音を混在化させつつリズム世界を作り出せなければ、豊かな舞台は成立しない。音によるリズム世界を丸ごと捉え、場と音と人とが共振を生み出す空間を創造する意識が必須である。

また、体内の音の意識はパフォーマーにはなくてはならぬ感性である。激しく動けば心臓音が高鳴って自らに聞こえて来る。ぜえぜえと鳴る音だ。演者はその音を感じ取りながら舞台に流れる音との調和を図る。作曲家が制作した音が再生装置で流れる場合は、再生音と舞台空間にある足音や息遣い、オブジェ等の音、パフォーマーの体内を駆け巡る音が、身体の内部で混じり合い、感情を喚起して動きになる。そしてそれは場の総合的な空気感に変換される。ビートでしかリズムを取れない舞踊家は身体の一部の能力しか表現できていないのである。本来、固有のリズムを各々の身体は持っているが、音楽や音のリズムと相互に響き合って多様なリズム創出を可能とする。音楽のビートをなぞったり、外したり、音の、リズムから離れた別要素（たとえば旋律）と身体を共鳴させて動かしてみたり、呼吸のリズムとビートをわざとズラしてみたり……、音が身体のリズムと響き合えば、舞台空間の持つ可能性は大きく膨らむ。生演奏ならばさらに効果を上げる。演じ、踊るパフォーマーと演奏家の身体は共振し合って、同時進行で互いの呼吸、リズムを読みとる。演奏家は動きを見て、遅くしたり、速くしたり、瞬時のストップを生み出したり、多様な音を自在に繰り出す。演者側も仕掛け、演奏によって鼓舞される。相互コミュニケーションが深くなるほど、互いに音、動きに対し繊細に反応して、時間、空間、身体がドライブしながらリズム化し、屹立してくる。

私はパフォーマーには、常々呼吸で動くように、呼吸をコントロールするように、動きを呼吸で作るように、言葉も呼吸を意識するようにと求めている。音と身体が協働する感覚を持つならば、呼吸から生まれるリズムは動きの基盤になる。呼吸リズムを基盤に据えられれば、音や空間のリズムを全身体を通して感じ取り、呼吸リズムと混ぜ合わせつつポリフォニックな動きへと繋げられる。音楽がない場合でも状況は同じだ。場は絶対に無音にはならない。そんな「場」とのセッションを、呼吸する、無音にはなり得ない身体が行う。さすれば時空間は、揺れ動く、確かな律動を生む。

音楽演奏家では、キース・ジャレットやグレン・グールドのようにピアノ演奏中に唸り声を上げるアーティストがいる。ピアノの音と連動した唸り声だ。演奏は素晴らしいが、演奏とともに漏れ出る声を嫌う聴き手は少なくない。しかし漏れる声は、身体が音楽体となっているからこそ出てしまう。声の制御に気が向かないからだが、その必要はない。声を出すことで、身体と一体化したピアノの官能性が生まれる。声を出せば自ずと呼吸し、呼吸は生命のリズムを生み、官能性を増殖させる。そして音楽は呼吸する音楽へと変わる。

三〇年以上も前になるが、太田省吾が主催していた劇団「転形劇場」に「水の駅」という作品があった。この作品は、水道の蛇口からうっすらと流れ続ける水の音によって構成された「音の作品」で、小さな水音が場を圧する舞台であった。音自体はわずかに蛇口から漏れる一筋の水の音があるばかり。

劇場内には微妙な水音や人の歩く音、衣擦れの音、演者の息音があり、演者が水を飲もうと口を蛇口近くに持っていけば流れが遮られ、水音はピタリと止まる、離れれば再び聞こえ、喉を通る音、その後の呼吸音、観客の息、客席のギシギシいう音、静けさのなか稀にいびきが漏れる……そして次に別の演者が水場にやって来る。こうした構成で成り立ち、たまにエリック・サティのジムノペディが風のように流れる、完全に音が支配した、詩情を湛えた作品であった。人の身体ばかりではなく、音と身体を包み込む空間も透明感を持って美しかったが、作品の基調になっていたのは音そのものである。水による不連続な、生命感溢れる音があって場に一層の静けさが生まれ、そのわずかな起伏が、緩やかなうねるリズムを作り出した。舞台セットは水道の蛇口と水たまりだけ。水場に集っては去っていく人々のゆっくりした動きと水の音がそこを幻惑の場へと変えた。視覚に映る水は、音と連動し、手を差し出せば音は別の音に変わり、口を付ければ音が消えると同時に水の流れがなくなった。水道水が実際に流れるがゆえの静かな緊迫感は、たゆたう大きなリズムと微細なリズムによる変化から生み出され、二方向のリズムが混じり合うことで、壊れやすい時間が醸成されてスリリングな時間を作った。

「島——Island」という一九九六年に制作した作品がある。ひとりの男とひとりの女が舞台上にいるだけで、オブジェらしいオブジェも舞台美術セットもない、真っ黒い空間があるだけの作品だ。舞台上で起こっているのはふたりによる空間移動とわずかな動き、ときに激しく動き、踊った。ふたりの変化し続ける身体、歌詞のない声による表現、わずかな台詞、忘れた頃に流れるピアノの音、ふたりが移動することで生ずる床を踏む音、床を擦る音、呼吸する音、かすかな声、叫び声、うなり声等の声、女がたまに語るモノローグ……。一方では、意図的に音を消そうとした（もちろん音は消えないが……）。本作品は音の変化と空間の変容をふたりの関係性から生まれる身体で表現しようとした作品である。視覚リズム、聴覚リズムを見えやすくするために、可能な限り要素を削ぎ落とした作品として制作した。ピアノが流れる時間はもとより、ピアノが響かないときのふたりから漏れ出る音と、ふたりの空間内での微妙な、ときに激しい動き、位置関係がすべてと言えるほどの作品になった。作品の底辺には時間の残酷さが常に存在した。記憶のなかに生きる女と記憶世界から脱したいと願う男の話だが、結局、時間に縛られたままとなって取り残されるふたりの姿が、流れ去る無慈悲な時間により炙り出された。

演出家は作品制作に当たれば、最後の最後まで意識はぴーんと張りつめ、すべての要素をバランス良く適切に配置しようと苦闘する。が、特に音・リズムの整序が大事である。網膜に映る姿形に比べ、音、リズムは感覚に響いて後々まで跡を引く。また、最後に音が消え去る瞬間が作品の印象を決定づけてしまう場合もある。扱い如何で作品の印象はガラリと変わる。

時間芸術としての問題点

現代は音に対する感覚の弱体化が著しい。私たちの生活環境は音楽で溢れかえっている。どこにいても音楽が襲って来るし、耳をヘッドフォンで塞ぎ音楽で覆ってしまう人は多い。多くの飲食店では意味なく音楽を垂れ流すが、音楽があった方が良い特別な理由はなく、サービス化した音楽は無駄にまき散らされる。音に対する粗雑な感覚が巷にはびこって、耳は一層鈍化させられ、地盤沈下が起きる。誰もが耳が悪くなっているから、その状態に気づけない。よって作品の作り手側も見る側も音に対して雑な神経しか持てないのが現状だ。音感覚の弱体化は時間感覚の弱体化に等しい。時間や音は理解しようとしてできるものではない。感覚が支配する世界であり、音的感性世界は勉強したからといって手に入れられず、子どもの頃からいかに感覚を磨いてきたかが問われる。

音は、多様な自然や人をはじめとする生物はもとより、作動する人工物の蠢きである。音の折り重なりは生きるリズムにも破壊へと導くリズムにもなり、身体や場に影響を与える。絶対に止まない音環境のなかに私たちは生き、リズムを感じている。なにか違和の音が生じれば、ビクリとして次の行動を起こす。音の違和はリズムの変調と裏切りを感じさせ、行為を誘発し、リズム自体を変える。それは私たちに次の気づきをもたらし、新たな発見のきっかけを促す。

リズムは不協、破裂、同調、すべての事象を内包する変化である。不協の音を聞き取れる身体感覚を持っていれば、変調の兆しにいち早く気づけ、先を見通せる。さらには、リズム認識により聞こえない音まで感じ取る身体感覚を持てる。パラドキシカルな言い回しではない。「聞こえない音」とは原初的感性から感じ取れる音のことだ。

人々の聴力弱体化が著しくなり、目でものを見て判断する時代になった。誰もがヘッドフォンをしたまま、世界を眺めているような環境に私たちは生きているため、時間的感性が弱まるのは致し方ない現象だが、音に対する感性の鈍さは、舞台作品はもとよりあらゆる世界を絶対に豊かにはしない。耳を澄まし世界の音を聞き取ることだ。音の響きを嗅ぎ分ける感覚は、原初的感性で場を感じ取る意識、それも目というよりは耳で感じ取ろうとする意識から育まれる。音は強くセンシティブな生命力を持って輝く。音の繊細なまばゆさは大きな広がりをもたらし、時間に豊かさを与える。

時間という困難

日本映画には素晴らしい映画がたくさんある。黒澤明、溝口健二、小津安二郎を持ち出すまでもなく、名映画監督が多く存在した。音の使い方も雑ではなかった。

一方、舞台芸術作品に関しては、音を組み立てるセンスが素晴らしいとは言いがたく、物足りなく感じるのは私だけではないと思う。時間の創造は音とリズムだから、それがダメならば作品自体が弱くなる。が、日本の作曲家が劣っているわけではない。武満をはじめとして世界でも傑出した作曲家が少なからず存在した。彼らの曲を使う素晴らしい映画監督もそれなりに存在してきた。ならばなぜ、舞台芸術作品の多数は音の強靱な継続性を感じさせず、コマ切れで音を用いている印象が強いのか。古典はそうではない。音には継続性があって、耳が受け取るリズムには生命がある。では素晴らしい聴覚リズムを持った現代舞台作品が日本では生まれにくい理由はなにか。「日本では」と括るのは、ヨーロッパの一級品の舞台の多くが音のリズム、聴覚リズムに優れて感じられるからだ。しかし日本の聴衆の多くは気付かないようであり、舞台批評の現場でも聴覚リズムへの言及はほぼない。原因はふたつあるがここでは述べず、第七章で考えたい。

ここで言及しておきたいのは、空間が伴うとそれが強い情報を放つため、時間は見えにくくなり、ゆえに音もまた安易な扱いが多くなってしまうということだ。だが空間、時間ともに生き物として扱う感覚を持てるなら、時間は懐いて来る。音を丁寧に拾い、リズム化させられれば場は命を孕む。そして「私」を育んだ自然の感覚とそれを同期させる。さすれば、命は永続性を持ちつつ開花する。それには時間を感じ取る感覚を磨き、演出家はどこかで時間自体を彫塑する感覚を意識していなければならない。時間はすぐに指の隙間からするりと抜け出てしまうのだから。

第五章　身体について

舞台芸術の三要素にあって「身体」は特別な意味を持つ。作品の上演が始まってからは、主導権を握るのは舞台に立つ身体を持った演者である。空間にはじまり、時間が滋養を与え、身体がその場で表現を行って舞台は成り立つ。それらは三位一体となって最大の力を発揮するが、空間、時間のすべてを味方に引き寄せながら身体の力として凝縮し、すべての価値を押し上げる。

音楽演奏会も空間、時間要素を持ち、楽器を演奏する人、歌う人の身体の重要性は言うまでもない。演奏家の身体は音楽の陰に隠れているように見えて、身体から醸し出されるのが音楽だから音楽と身体の関係はきわめて密だ。歌は身体が楽器となって生まれる。歌い手の身体性は一目瞭然だが、楽器奏者も長い年月を掛けて楽器と身体を一体化させるべく精進する。身体が適切に動いてこそ音は鳴る。

音楽演奏会はパフォーミングアーツの範疇に入る。しかし今まで便宜的に省いて来た。「舞台を見る」、「舞台が見える」ことが絶対条件ではないからである。演奏会はもちろん、歌手が大挙して動員されるオペラも同じ。オペラは総合芸術の花形のように言われるが、オペラ劇場の客席形状を見れば分かるとおり、最も安い客席からは舞台があまりよく見えない。まったく見えない劇場もある。音楽を聴くために用意された席だからだ。つまり身体から発せられる声を聴くことに重きが置かれ、身体が見えるかどうかは二次的なのがオペラである。通常の音楽専用ホールにせよ、音楽家の足下まですべてきれいに全席から見える劇場はほぼない。

これら音楽に主体性のある音楽演奏会や、演技は付属し、スペクタクル性は高いにせよ歌と音楽、美術主体のオペラを除けば、舞台芸術作品では身体のまるごとすべてが最終的な主体として躍り出る。空間と時間のリズミカルな変容のなかで（身体もその一部ではあるが）、身体こそが現場での最大の主役となり、最終的に作品を完成させる。そのすべてを観客に示し、複合的リズムを作り上げてこそ舞台は成り立つ。空間、時間、身体の三要素はトライアングルの堅牢な緊密性を保つが、身体は時空間に対して一層の緊張をもたらし変容を促す。これが舞台芸術の原則だ。

不在化する身体

本章では「身体不在」の文言が繰り返し出て来る。身体のない人間はいないから「身体はあるのに不在って？」と思うかも知れない。はじめにその意味について語っておきたい。

生きている人間はすべからく身体を備えている。が、身体はあって当たり前だから意識が向きにくい。身体を認識するのは病気や怪我をしたときか、スポーツ等、身体をさらに高い状態にもっていく必要が出てきたときだろうが、二〇世紀の終わり頃から健康志向が強くなって、食事に気を付けつつ身体を考える人はかなり増えてきた。世界中で日本食ブームが起きたのは健康志向ゆえである。運動の重要性も謳われるようになった。身体が健康の源との認識は次第に広がって、筋力を付ける運動、心肺機能を高める運動、脂肪燃焼用の運動等、年齢や身体に応じての運動、食事への認識力は上がった。

しかし私たちの周辺は自然から遠くなって人工物だらけになった。都会生活は言わずもがな、田舎にいても歩かず、車を使って点から点へと移動し、夏は冷房、冬は暖房と常に快適に調整された室内で生活するようになっている。情報はどこにいてもインターネットで簡単に手に入る時代。子どもたちは自然に親しむどころか、ゲーム機が友となり、食物は人工添加物だの遺伝子組み換え食品だのと気をつけなければ危険食品ばかりを食べさせられている状態だ。危険と背中合わせの食、人工化した生活環境、真偽混淆した溢れかえる情報……私たちは自らの身体に対し意識的であろうとしても、あらゆる点で過剰さが襲って来て、簡単にその意識は覆されながら生きざるを得ない。これでは身体感覚が弱くなるのは致し方あるまい。人間以外の動物は自然のなかに生きるが人間だけが人工物に取り囲まれて生きるのだから、動物としての感覚が希薄化するのは必然である。「身体不在」ということばは身体の感覚の鋭敏さが薄れている状態を指す。動物の身体は自然的身体だから環境変化や食物等に敏感に反応する。身体が不在化すれば、それらに対し鈍感になって、受け取れるはずの情報ですら受け取れなくなる。

だが、武満徹が言った「私たちは、生きている限りにおいて自然への調和ということを志しているものだろう」ということばを逆説として捉えれば、「自然との調和を志すことがなくなれば、生きてはいられない」となる。つまり私たちにとってもっとも身近な自然である自らの身体は自然との調和がなくなればボロボロになってしまうのである。ところが自然が消えてしまえば自然と調和する状態がどんな状態なのか、想像できなくなる。こうなると状況はおかしな方向へと向かい、感覚を司る脳は迷走し、分析脳ばかりがひとり歩きし出す。目の前の見えやすい部分は分析しやすいから、そちらにばかり目が向き、効率を求め、はるかに大きな命題である「人間とはなにか?」「私たちはいかに生きるべきか？」などの思考は隅に追いやられ、封じ込められる。身体が不在化すればどうしてもそうなる。

舞台芸術界でも身体はおかしくなってきた。不在化した身体が一般化すれば、妙な現象が起きる。数年前にある日本の舞台芸術界の若き権威と対談したとき、「今は不在化した身体が一般的なのだから、その身体を用いて舞台を作れば舞台はリアルになる」と言ったのを聞き、私は心底驚いた。舞台芸術界でさえこんなパラドキシカルな状態を不思議とも思わなくなったのだ、と。もし不在化した身体のリアルを描きたいなら、強度のある身体を用いて不在化した身体世界を穿ってこそ舞台芸術としての役割、矜持、強度である。単なる身体不在化の追随はわかりやすく思えるが、状態そのものが歪なのだ。奇怪な状況が一般化すれば、社会全体は狂って疑問すら抱かなくなる。「舞台芸術に於ける身体とはなにか？」を解き明かせばはっきりしてくる。

舞台芸術の身体

アントナン・アルトーは一九二〇年代から三〇年代にかけて活躍したフランスの俳優、詩人、演出家で、特に「残酷演劇」と呼ばれる演劇スタイルを提唱した人物として知られている。「残酷演劇」という言葉はいかにも「残酷なことをする演劇」と思われて勘違いされやすいが、そうではなく、アルトーは原始的野性力に溢れる舞台のあり方を提起した。「器官なき身体」概念では、意識や理性を超えてまるごとの身体が野生的に立ち上っていく激しさ、凄みを持った身体概念を提示している。アルトーは幼少の頃から身体に問題を抱えていた。五歳のときに脳髄膜炎を患い、後遺症に苦しみ、失神を伴うほどの激烈な痛みに苛まれて生きた男で、一生、痛み止めのための麻薬が欠かせず、それゆえかどうかは知らないが精神病院への入退院を繰り返した。こんな身体であれば、「身体」をパーツでは捉えられなかっただろう。アルトーの身体は「身体不在」とは対極にある、苦痛を伴った「有在の身体」として、自身のなかの理性的主体なるものをいかに超えるか思考したのだと思う。だが、それがアルトーの「器官なき身体」概念を画期的な思想にした。

このように身体に問題を抱える人やスポーツ競技で他者や自身に勝とうとする人は、どうあっても身体に向かい合わざるを得ない。病気や障害があって、かつそれら問題に意識的に取り組もうとする人なら、乗り越える手だてをさまざまな角度から考える。食事療法、身体改善、薬物療法、病気に負けないための体力作りに励み、病気という難敵に果敢に立ち向かう。スポーツならば記録を破り、相手に勝つというはっきりした命題がある。スポーツを楽しみのために行う場合には、健康維持や気分転換という目標に取って代わられる。

では舞台芸術にとって必要な身体はどんな身体なのだろうか？　アルトーの激烈な痛みは否応なく身体を気付かせただろうが、痛みによらずとも身体の諸要素に対し、気付きのある身体としなければならない。諸要素とは、空間を感じ取る要素、時間を感じ取る要素、自分や他者の身体の動きを把握できる要素、声やことばを認識する要素である。

『風姿花伝』について

世阿弥が『風姿花伝』を書いたのは室町時代の一四〇〇年頃と、今から六〇〇年以上も前だ。日本の最初の演劇理論書として知られるが、主に身体について書かれた本である。能役者は七歳頃から経歴をスタートさせる。順次、年齢に従っての心得やら身体の特徴、稽古の方法などが書かれている。

その心得は現代にも当て嵌り、演劇論を超えた一般論としても読め、ゆえに古典としての重みを持ち得た。

能に限らず世界の芸能の多くは、異能の人々が場を神や亡霊の降り立つ異空間に変え、神世界や異界を描き、あの世とこの世の橋渡し役を担った。バリ島では芸術・芸能は神への捧げものとの認識が今でも一般的である。身体は触媒となり、こちら側とあちら側を行き来する役目を負う。

身体は老いるに従って変わらざるを得ない。そこで異能の存在としての役者であり続けるためにどんな戒めを持てばいいか、子ども時分から老年に至るまで年齢に応じて説いた書が『風姿花伝』である。「触媒」には、死者と生者、神世界と人間界、陰と陽、可視空間と不可視空間、過去と未来……多くの二項が埋め込まれるが、「触媒」を通して垣根を溶かしながら現世を超えて異界と繋がり、世界の諸相を描こうとするのが能楽という芸能だ。

触媒化する人々は賤民であった。彼らを言及するには、天皇に触れざるを得ない。そのためには天皇の根本原理にまで言及しつつ詳細を観察しなければならないが、それは荷が重いので、網野善彦の言を記すに留めたい。室町以降には卑賤民化した人々は南北朝期までは聖なる存在として扱われており、網野は次のように書く。


その職能の性質から、天皇・神仏の「聖性」に依存するところより大きく、このような実利の道に進みえなかった一部の芸能民、海民、さらには非人、河原者などの場合、職能自体の「穢」との関わりなども加わって、ここに決定的な社会的賤視の下に於かれることとなった。（……）遊女についても同様なことがいいうる。鎌倉期までは「公庭」に所属するものとして、また神仏に仕える女性として、天皇家・貴族との婚姻も普通のことであった遊女は、南北朝期以降、社会的な賤視の下にさらされはじめる。
つまり鎌倉期までは「聖」に属する人々が南北朝以降、「賤」化していった歴史があり、続けて次のように述べている。

やがて江戸時代にかけて、こうした賤視、差別は体系化、固定化され、被差別部落、遊郭として場所的にも固定されていくことになるが、さほど遠からぬ過去において、実際に天皇・神仏に直属していた事実の記憶は、これら被差別民や遊女をはじめ、鋳物師、木地屋、薬売などの商工民、当道等々の芸能民の心中に強く刻印されており、伝説化した天皇や神仏と、その職能、出自との関わりを物語る、説教節などの芸能の作品をはじめ、さまざまな由緒書、縁起、偽文書として、こうした人々の世界に生きつづけ、社会に無視し難い影響を与えていった。

時間の操作、死との接触、身体の変容……それらを成し遂げる異能の民は室町時代になると穢れを纏う存在として差別されるようになるが、もともと聖なる世界に属する彼らは天皇との緊密な関係を意識の上で持ち続けた。神仏に仕えるとされたのは芸能民も同じで、室町以降も最低位が最高位と意識の上では結びついて円環構造を描き、その構造自体が社会全体の息抜き浄化装置になっていたと考えられる（ちなみに将軍、足利義満の寵愛を受けた世阿弥だが、貴族の三条公忠《きみただ》は世阿弥を「乞食の所行する者」として義満を非難している。つまり世阿弥は乞食とされていたのだ）。
古典芸能の従事者たちが、異能者として被差別民化しつつ天皇と意識の上で繋がっていたのは非常に示唆的である。畏れを抱かれる存在として穢は聖と結び付き、中飛びして、頂点と繋がった。時間を跨ぎ、自らを変容させる機能を持ち、ミクロとマクロの視線が交わりながらコスモスを作り出せる身体であり、見世物として外在化させ、過去と未来、生と死の世界を跨ぐことの可能な同時代の身体として、である。それは準備された記憶体として、子どもの頃から多様な時空間を感じ取り、見られるように教育されてきたがゆえの強度を持つ。

『風姿花伝』は空間性と時間性を内包した演者の身体によって人間の生の世界と死の世界を見渡しながら、行き場のない感情を描く猿楽の方法を説く。こうした空間、時間概念がどこまで室町の頃にあったかは定かでないが、人々のなかには一種の宇宙性を纏った生と死の概念が一般的に存在していたのではないか。その前提がなければこんな芸能が生まれるはずがない。それら概念が身体を通し現出したのだ。ちなみに私は室町時代の仮面を間近で見せてもらった経験があるが、異様で恐ろしく、いかにも向こう側の世界がすぐ側にあった時代だと思わせられた。

『風姿花伝』は舞台を始めるには七歳頃が良いという。私が舞台に手を染めたのは大学に入ってからだから、比べればずいぶん遅い。学生の頃は演者として舞台に乗ったけれど、以降は、ほぼ舞台全体を作り出す側からの視線に徹してきた。それら舞台は大人を相手にし、子どもは使わなかったから、世阿弥の言う少年の持つ魅惑的な力「時分の花」を体感してはいない。とは言え、子どもの頃からの鍛錬の賜物である伝統芸能者の身体の強さに対しては畏敬の念で眺めてきた。ブレない身体軸、これは稽古の基本に舞いが大きく占め、幼少の頃から仕込まれるからだ。身体がブレれば不安定感が伝わってしまう。現代劇の俳優とはそこに雲泥の差がある。身体軸を作るのは、子どもの頃から仕込まれなくとも可能だが、子ども時代に基本的身体が出来上がっていれば、身体のあり方に悩むことなく次に向かえる。

一九九七年にアジアの古典芸能者から現代劇、現代舞踊の演者たちを集めて、日本の国際交流基金がシンガポールの演出家、オン・ケンセンを擁し、「リア王」を制作した。本作品は作品の出来より、規模の大きさ、日本の資金の潤沢さにアジア中で物議を醸し、一躍彼の知名度はアップしたが、本作品のように現代劇の俳優やダンサー、京劇や能楽の演者が同時に出演すれば身体的強度が明らかになる。その相違は残酷なほどであった。

古典の演者の身体は素晴らしかった。しかし私が驚かされたのは、彼らの動き、語り、舞には、過去から未来へ向かう時間性、伸縮する空間性を内包しつつも、ここぞという時に一気に強度が増して、身体が拡張して見える自在性にあった。わかりやすく書くならば次のようになる。身体のブレのなさは時間の継続性を感じさせる。鍛え抜かれた古典の演者が恒常的に演じて来た演目は現代劇ではなく古典演目で、古い時代の演目を演じる感覚は身体に染み込んでいる。そんな身体を用いつつ現在に生きた舞台を行えば、時間の継続性を感じさせて未来をも暗示し、エネルギーを溜めては自在に放出する。むろん古典の演者と言えども、ほんの一部だ。その地点に至った身体は、ときに一気に膨張するかの如くに見える。

これに対して現代劇の俳優はいかにその世界では知られた存在であっても、古典の演者に比べて弱い身体で、軸ブレを起こす。では舞踊家ならどうか？　その技術力は高くとも総合的身体強度は古典の演者には及ばなかった。「伝統」に則り、根付いた文化に基づいた身体性の拡張を行ってきた強みが古典芸能者にはあるからだが、それ以上に身体がどこに繋がっているかという認識力の問題があると思う。古典の演者の基礎力は舞踊によって養われるため、ブレのない身体強度を持つけれど、現代舞踊家を凌ぐ原因は、身体に備わる多面的感性にある。すなわち時空間を渡る多面的感覚が豊かだということである。古典、現代の括りで乱暴に語るのは慎まなければならないし、個人によっても大きな相違がある。むろん古典だからと全面的な賛同はしない。古典芸能者の多くは古典の枠に居座ったままだ。それでも一個の身体として眺めると彼らの身体は凛としている。個人の相違だけでは古典演者の強さに対する答えにはならない。感覚の多面性に負うところが大きいのである。

第一章で「分化」について述べたが、さらに言えば、これだけ科学が細かく枝分かれしながら深化するようになると、その先を見るためには囲われた世界の発想だけでは立ちゆかなくなる。他の思想、方法は必須であり、双方向性を持ちながら、融合させつつ発展させるベクトルを持たなければ見えるものも見えてこない、今はそんな時代だ。舞台芸術ひとつとっても、個々の部分としての技術は発達したにせよ、身体の迫力は古典の演者に代表される時空間を超越した感覚を持った身体、宇宙性を備えた有機的身体には敵わない。

ただし、演劇、舞踊、音楽などの要素が分化せず、包括されているから古典の演者が強いと言えなくもないのだが、それ以上の理由があると私は考える。身体は記憶装置であり、想像力と共に記憶を縦横に拡張させせられる存在であるがゆえに強靱なのだ。その記憶とは身体に根付く民族ばかりか生命体としての記憶を包含する。

身体は記憶装置である

素晴らしくも厄介なのが記憶だ。民族、地域、宗教、時代……さまざまな要因が人を枠に縛り付ける。食、習慣、風俗……子ども時代に刷り込まれた記憶は拭えず、いろいろな局面でにゅっと顔を出す。それは重い足かせにも、当人を形作る宝庫にもなっている。演者の身体のみならず、誰でも一緒。まずは総合的な身体の記憶について語りたい。

私は茨城県日立市で生まれ育った。最近は地震が頻発しているが、昔は地震が少なく、気候は温暖、海も山も近く、自然に囲まれており、漁業、林業、農業が盛んである一方、日立製作所を中心とした工業はもとより、鉱業、商業とさまざまな産業が混在化した町であった。隣接した東海村の海沿いには、原発までそびえていた。

三〇歳を過ぎた頃から故郷の音や色彩、形状、場所の感触、食文化の影響を強烈に受けて来たと感じるようになった。創作してきた作品を見直せば、音の流れや色の使い方、造形感覚は子ども時代に植え付けられた音や色彩、形が多くの部分を占めていた。若いときは、逃げ場がないと感じていた故郷から逃げたくてならなかったから、意識的に「新しさ」を追い求めた。しかし新しいと思って創作した作品には、育った街が無意識のうちに色濃く滲み出ていたのである。私に根付いた幼少期の環境、文化は頑強で、色濃く染み付いて離れない。海外に数カ月滞在して帰国し、日本の食に触れると脳の喜びは半端なく、口には唾液が溢れる。畳のい草の匂いを嗅げば身体が喜び出す。茨城の方言を聞けば気が楽になる。つくづく日本、それも北関東、東北地方に近い茨城の文化で育ったと感じる。

ただ、記憶は浮かんで来やすい記憶ばかりとは限らない。深層に沈む、鈍く鉛のような記憶はじっくり炙り出さなければ出て来ない。出てきても苦い感触がある。果たして実際に起きた事実としての記憶なのか、想像が記憶になってしまったのか、勝手に一人歩きして形を変えた記憶なのか、判然としないだけではなく、嫌な記憶であるがゆえに沈んでしまったケースも多い。そんな感触で記憶と対峙せざるを得なくなったときはしばらく放っておくに限る。ときが経つに連れてにゅっと浮かび上がって来る場合がある。実際に起きていようがいまいが、内面に染み付き沈んだ記憶は、なにかしら意味があって脳の片隅で息を潜めてきたのである。

このような鈍い記憶をことばに変え、稽古場にそっと乗せてみる。それも私たちの仕事の重要な一部である。演者は演技するにせよ、踊るにせよ、歌うにせよ、与えられた役割を血肉とするには、記憶の果たす役割が大だ。記憶と自分自身、他者がリフレクトを繰り返して作品は仕上がる。たとえば、私の膨大な記憶から派生し生まれた台本を元に、他者である音楽家や美術家、パフォーマーは自身の記憶を辿って掘り起こし、さまざまに結合させて自分なりの形を示す。つまり私の記憶が彼らの意識、記憶に働きかけて変質化を促して新たな位相として示される。このようにはじめにイメージした作品から、その制作途上で変質化してしまう場合がある。これは、ある記憶体が別の人格や記憶と出会うことで生み出された、新たな記憶（意識）の誕生ゆえ、と言って構わないだろう。元々の記憶は変質したが、それが自分の記憶ではないと断言できるだろうか。私たちの記憶は起きてしまった記憶に感情や他者の記憶が混ぜ合わされ、新たな記憶として生み出されていく。私たちは曖昧な「私の記憶」につき合わされながら、記憶は変貌を繰り返して作品として形を成す。それは演者、他のアーティストに関わらず同じである。

じっくり炙り出される記憶は、自身が経験した事象とは限らない。ぼんやりと定かではない記憶を人はたくさん持っている。さらには生命体としての意識や記憶がほの暗い奈落の底に畳み込まれているると私は感じて来た。三木成夫が述べた「生命記憶」のことだ。彼は「三〇億年もまえの〝原初の生命球〟の誕生した太古のむかしから、そのからだのなかに次から次へとり込まれ蓄えられながら蜿蜒と受け継がれて来たもの」を「生命記憶」と言った。そして「記憶とは、本来、このように生命的なもので、人間のいわば意識的な次元をはるかに超えたものでなければならない」と言う。その感覚は人間である限り意識下に潜めている。

海に入れば恐怖と同時におおいなる安堵感があり、大地に横になると安心して空に吸い込まれてしまうかの快楽が得られる。山や森に入れば感覚が鋭敏になって来る。毎夏、私の学校の生徒、並びに一般のワークショップ生とともに一週間、山奥の森のなかにある元小学校の廃校で過ごし、毎日森に出かけて作品創作をしている。生徒の変化は驚くほどだ。電気は通っているが、ガスはプロパン、水は湧き水、携帯は通じない、トイレは汲み取り式……こんな環境にいると、身体はみるみる変化する。気持ちがゆるやかになって顔つきは一変する。この状態に毎年直面していると、人間が自然とともにいかに長く生活をして来たか実感せざるを得ない。初日に虫を見て怯えていた生徒が瞬く間にその状態に慣れ、地面に寝るのが平気になり、腐葉土を身体に擦り付けて気持ちよく感じる。裸体になって森を走り回る者も出てくる。都会生活を送っていた人の多くが野生児のごとく変化する。そして多くの参加者がそんな自分の変化に驚く。私たちが育んで来た種としての記憶がそうさせているのだが、私たちの体内には私たちが認識しない時間軸、空間軸、記憶があり、通常は眠ったままで目覚めることがあまりない。だが人は、「現代人」の枠をはるかに超えた枢軸を保持しており、ひょんな瞬間ににゅっと顔を出す。

作品制作過程は、螺旋状に絡み合いながら深い谷に沈んでいるが如き記憶を呼び覚まし、壮大な妄想の宇宙に連結し溶け合わせながら形にしていく作業である。約二万年前にクロマニョン人によって描かれたラスコーやアルタミラの洞窟内壁画には牛や馬、バイソンなどの姿が丹念に描き込まれている。今では洞窟に入れなくなってしまい、写真や展示を見るしか知る術はないのだが、その鮮やかな感性からさまざまな情景や問いが浮かんでくる。なにを思って彼ら（シャーマンだと言われている）は真っ暗な洞窟でランプの火を灯しつつ描き続けたのか？　いったい何人で描いたのか？　ヒトをほとんど描かず、動物を詳細に描いたのは何故だろうか？　どんな意図があったのだろうか？　きっと彼らは世界の全体像を感じたままに描こうとし、動物の宇宙と一体化したかったのであろう。ホモ・

サピエンスには及びもつかぬ世界に近付こう、世界をまるごと掴み取ろうとしたのだ。これが芸術の持つ根源的力である。

芸術作品は無数の記憶とともに、現在感じ取っている世界像を示して形象化される。舞台芸術作品も同じ。そのために演者は自身の身体の深奥と語り合わなければならない。演者にとっての「世界の全体像」とは身体が感じ取る全体で、演出家や他のスタッフにとっても同様だ。表層に浮かびやすい記憶だけではなく、芸術家は芸術メディアがなんであれ、深層の記憶と語り合わねばならぬ。生命体としての記憶、種としての記憶、民族としての記憶、家族の記憶、個人としての記憶……これらを一体化させながら身体の記憶として探り出し、ときには抉り出す必要がある。

記憶を細部まで点検し、潜り込んでは拡大する作業は、自己のうちに新たな世界像を展開させるための必須行為だ。安全に生きたいなら記憶を小さく留めたまま飼い殺せばよい。しかし一瞬のインスピレーションによる劇的な噴出を生み出そうとする意識があるならば茫漠とした記憶と語り合い、限りなく掘り下げる作業を避けては通れず、だからこそ世界の核心へと至る道筋が見えて来る。

子どもの視線

子どもは得体の知れない生き物である。昔から不気味に感じた。子どもの視線は取り留めがないかと思えば、ジッと見つめたまま視線をずらさない。見透かすような目でこちらを見る。絶対音感を身に付けられるのは三、四歳までであり、その聴覚は異様なほど小さな音を聞き分け、記憶力は驚異的に高い。自分が世界の中心にあって、他者の概念はほぼ存在しない。身勝手この上なく、傍若無人、恐いもの知らず……に見える。

「子どもは天才」とはよく聞く言葉だ。子どもをじっと見ていると一種の怪物だと思う。養老孟司は「犬だけではなく、動物はみんな絶対音感を持つことがわかっています」と言う。犬は自分の名前を絶対音感によって認識しているそうだ。赤ん坊もまた、ことばを意味として受け取らないから絶対音感として自分の名前を認識するのだろうが、そんな時代を持つにも関わらず「意味」が入り込むや、平凡化し普通の人になってしまうと養老は言う。

ここで子どもがいかに世界を感じて生きているかについて記しておきたい。

私たちは受精卵となって生を授かる。そのときの受精卵は善も悪も苦悩も悲しみも、むろんなんの知識もなく羊水に浮かんでいる。羊水の組成は古代海水のそれと酷似する。胎児が知覚するのは母胎内宇宙のみで、母親の体調などを通し、嬉しさや居心地悪さなどを感じている……。まだ目は開かず見えない。聴力機能は受胎後、二五週を過ぎてから得られるが、それまでも音の響きはぶよぶよの身体が知っている。その期間を過ぎれば、音、声、響きによって母胎内宇宙はさらなる広がりが出て、感じられる範囲は増していく。

胎児は母胎内にて大いなる旅の途上にいる。三木成夫の『胎児の世界』には胎児の成長が記されている。昔、本に描かれたスケッチを初めて見たときは驚いた。顔を胸に埋めたホルマリン漬けの胎児の首を切断し、顔が見えるようになったスケッチである。受胎三二日目にはその顔は古代魚類の時期を迎え（三木は「フカだ！」と書き記している）、三四日目には両生類の面影を宿し、三六日目には原始爬虫類となる。そして三八日目には目が前面に出て来て原始哺乳類の顔に、四〇日目には人間の顔に変化。「胎児は、受胎の日から指折り数えて三〇日を過ぎてから僅か一週間で、あの一億年を費やした脊椎動物の上陸誌を夢の如く再現する」と三木は書く。十月十日とはいうが、実際には二八〇日程度の旅、たったこれだけの期間に過ぎないのに、その身体は受胎の瞬間から見れば三〇億年もの時間を経巡ることになる。母胎内で生を受けたのちに胎児が辿る時間は古代の海のなかで行われる生命体としての歴史ドラマの凝縮であり、生物の育んだ記憶をなぞる再現作業である。認識された記憶というより、生物であるという事実の一点に対してのみ染み込まされた記憶を宿して、胎児は赤ん坊として誕生する。さて、ここまでは確かだが、以下は推測である。……生を受け、赤ん坊時代を脱してまもなく赤ん坊の頃の記憶の大方は失われてしまう。それでもかろうじて残った生物的記憶はあるが、時が経つにつれて少しずつ減衰し、あるタイミングでほぼきれいさっぱり消え去ってしまう。人間として、社会人としての義務を果たすべく求められるようになれば、もはや豊かな赤ん坊時代、子ども時代とは決別しなければならない義務を負って、規則、規制だらけの社会へと足を踏み入れ、生きるようになる……。

私はときどき子どもの気分になってみたくなり、その様態を真似る。子どもの目の高さから世界を見、身体を感覚体に変え、いわゆる「思考」から遠ざかる。子どもの視点に立って、恐怖の概念を取り払ってみれば、世界は目新しさと奇っ怪な事象に溢れ返っているが、この世界はとても平板に映りもする。限りなく生々しさが消し去られ、視覚的にも聴覚的にも限定された狭い範囲に押し込められた世界として「平板」なのだ。その事実に直面し、赤ん坊の私は大きな「有限」に突き当たる。目をつぶり、耳を澄ませば想像は無限に広がるけれど、現実世界はその場所からも時間軸からも逃れられない強い「有限」によって成り立ち、それを日々押し付けられれば、その場に生きるしかない諦めを赤ん坊時代に抱いてしまう。無限の感覚を宿した胎児は、生誕した後、徐々に有限な時空の枠内に閉じ込められ、感覚脳である右脳が退化、分析を司る左脳ばかりが発達する。こうしてほんの少し向こう側を覗き見るに留められてしまったのが、社会化された私たちの姿ではないか。

それゆえか、私は赤ん坊の視線の非社会性に畏怖を感じる。大人に見えないものが見えている目。

まだなにか異なる次元があるのではないかと感じさせる目。あちら側から世界の果てまで飛んでいき、折り返して来てはモノを察知し、凝視している目。その透明な目に私はたじろいでしまう。こどもの画を見ると、ときに驚くほどの天才性を感じるが、あちら側から見通せる感覚の鋭さゆえだろう。むろん絶対音感を保持できるのも、胎児として胎内にあって聴覚を発達させたがゆえの名残ではないのか。

人間はひとり残らずその感覚を持っていた。誰にも「生命記憶」が備わっていたのだからそう断言してかまうまい。私たちは羊水のなかに漂っていた……。であれば、見えている範囲を超えて感じ取り、別次元を認識するのは難しくはないはずだが、幼少期を脱すると多くの人々からその感覚は薄められ、残り滓ばかりとなってしまう。しかし感覚を保持できる人がいて、一部は生命記憶と密接に結びつき、発現する芸術家となる。稀少で、突飛な存在として、だ。機能性を重んじる社会から見れば芸術のような曖昧な機能しか持たないものは、所詮一部の愛好家の所有物とみなされがちだが、自然が豊富に残る場の共同体社会では、芸術家には大きな役割が与えられ生かされて来た。生命記憶を持つ人間に人々が畏怖したからである。そこで芸術家は共同体にあって別位相を示した。今は、なかなか別位相など示せない。芸術家が現代の環境にあって深みに至るのは容易ではない。

身体の可能性

身体の可能性を考えるとき、ジャンル的境界は自ずと世界観を狭める。踊る身体、語る身体、歌う身体と、身体を鋳型に嵌めるのではなく双方向的な方法を選択すれば、身体は否応なく反応し変貌する。私は長く三方向からのアプローチが必要だと考えてきた。つまり、「踊る身体」を持つ専門家が

「生命記憶」の視点を基盤に据えて、「踊る身体から、他分野の踊らない身体を見る」。同時に「他分野の踊らない身体の視点を意識しつつ、踊る身体を見る」とどんな意識が生まれるか。さらにその上で両視点を持ちつつ、同時双方向的に自身を見つめればどうか。欠点、利点が明確に見えてくる。それを観察し、自らの根源性に対して意識を向ける。この視点の取り方ができるなら身体に対しての複眼的アプローチを可能とし、身体開拓の可能性は膨らむ。

十数年前、ある新劇系の俳優と一緒に作品制作をしたとき、私は次のようにオーダーした。「……の台詞を三〇秒間でやってみてください」と。彼は柔軟な俳優だからその通りに行ってくれた。その時彼が語った言葉が忘れられない。「ウチの劇団（彼が所属する老舗劇団）の役者なら、時間を決められたら『出来ない』って言いますよ」……台詞を語るのは心の作用だから心を時間では規定できない。なんとなく正しく聞こえてしまう。が、根本的な間違いがある。人の心は可能性を持つのである。ある俳優が心を込めて、真摯に一分掛けて語った台詞を三〇秒では本当に出来ないのか。三〇秒で行えば心象風景がガラリと変わり、別の世界が立ち現れる可能性がある。心はさまざまな位相を持ち、与えられた条件次第でガラリと変化する。柔軟性は感覚の振幅を広げる。柔軟性がなければ狂気にさえ陥るし、考え方次第で快方にも向かう、それが人だ。心が自律的だとは限らず、他律性によって変化してしまう現象はよく起きる。

舞踊家の多くは「私は舞踊家なのだから歌は歌えない、台詞なんて語れない」と言う。複合化した時代になって少しは変化したが、日本ではまだまだ小さな変化だ。でも実際に声を出し、語り、歌ってみると、体内にそれまでに経験したことのない感触が起きるのを知る。たとえば台詞と動きを連動させせれば、動き自体に変化の兆しが生じる。声を出せばその響きが全身に伝わって、身体から外に向かう別エネルギーとなって流れ出す。この感触が分かれば、身体の新しい発見に繋がる。舞踊家に限らず、演者は常に壁にぶつかり、どうやって壁を越えるか頭を悩ませている。だから「発見」は次へと向かう際の助走となる。

私は舞台芸術系の学生に教えるときは、言葉を発しながら踊らせる、あるいは意味のない声を出しながら動いてもらうことがある。声や言葉は呼吸と連動し、放っておいても動くとき呼吸する身体になる。当たり前に感じられようが、呼吸と動きを常に連動できる人は多くない。たいていはときどき呼吸をストップさせ、無呼吸状態で動いている。呼吸を忘れれば、長時間の動きは無理だ。それどころか無呼吸の身体は力が抜けず、固まっていかにも息苦しく見える。ただ、手だれともなればわざと無呼吸状態を作り出す。故意に固めた身体を見せるためだ。

オペラ歌手は動く身体づくりはしない。オペラは歌が命だから、身体を動かし息が切れては元も子もないと考えられ、実際、公演中に歌手は突っ立って歌い、少し動く程度だ。そこで演出側は工夫を凝らす。壮大な装置や照明で歌をより素晴らしく聞かせるよう用意し、舞台作品として見せる。そもそも「見せる」より「聞かせる」のがオペラだが、総合芸術としてのオペラをワーグナーが提唱して以来、オペラは舞台芸術の頂点に立つかの如く扱われてきた。歌手と演奏家による素晴らしい音楽、大がかりな装置や照明によって成り立つ芸術としてである。よって歌うための身体作りに歌い手の意識は向けられ、舞台を見れば身体は歌のためだけにあると知る。むろん歌える身体づくりの大変さは重々承知しているが、身体を動かす感覚を知れば、歌自体にふくよかさが増す可能性が出てくる。演じる身体、踊る身体、演奏する身体にしても同じ。その身体を獲得するのに多大な労力を費やし、資金を掛け、大変な思いをしてきたのに今更稽古に励むなんて……との意識に甘んじるか、気づきもしないか。狭い「常識」は疑問自体を拒んでしまう。身体が頑固なのは意識が頑なだからだ。一度決めつけた枠を外すのは容易ではないし、そもそも人類は安全を担保しながら石橋を叩くようにして生きてきた動物。ゆえに厄介なのだが、身体は相互作用によって高見へと向かえる複合体だとの認識はきわめて大事だ。

技術力の高い舞踊家であるにも関わらず、なにを感じて動いているかわからない舞踊家は少なくない。台詞術に長けていても、だらしない身体を無造作に観客の前に投げ出す俳優からは、空間と溶け合うほどの凄みは出て来ない。

自在の身体を手に入れようと努力すべきだ。思い出して欲しいのは、身体は記憶装置だということ。舞踊なり台詞なり歌なりを身体に染み込ませてきた長い道のりを、舞台芸術家は皆深く記憶している。新しい要素の獲得に彼らが励んだとして、経験のない新人に比べればはるかに早い実りがやって来る。身体が実りを得る方法、プロセスを知っているからだ。理由を付けては自身に免罪符を与えたがるのが人だが、芸術家としての矜持を当人が保持しているならば、越境は多大な恵みをもたらす。身体は響き合いでできている。

身体は一個の宇宙と成り得るのだから、宇宙体である身体を得ようと試みつつ表現活動とすべき、というのが私の考えであり、舞台芸術の高見であろう。この意識を根底に植え付けられた古典の演者の少なからずは、よって強い身体と成る。宇宙体としての身体が響き合えば、舞台そのものが共振する。

舞台芸術における身体

舞台上の優れた演者は、次の四つの空間的感覚を必ず持っている。舞台上の他の演者と感応し合う感覚。舞台上にあるオブジェをとらえる感覚。光を感じイメージを膨らます感覚。観客の目によって自身を増幅させる感覚。……この「感覚」を同時に作動させながら、瞬時に次の状況に対応する視線へと変換させる力を優れた実演家は持つ。また背中には、他者の視線や背中側のモノを捕える目がある。さらには背中側の情景を掴む認識力が付いてはじめて舞台に立てる。四方を丸ごと捉え、どこになにがあってどう動いているかを全身で把握できるのが良い演者の特質であり、だからこそ舞台全体を異空間に変えられる。

音もそうだ。演者は音を聴き漏らしてはならない。もちろん全部の音を注意して聴き取るのは不可能であり、その必要もない。が、全部の音を感じ取るセンサーはなければならない。音の積み重なりがリズムを作り、自身の身体リズムをそのリズムに絶妙に溶け合わせて新たなリズムとする。そのとき必要性に応じて音を官能的に聴き取りながら自身のリズムを選択していく、その繊細で大胆な耳、脳は必須なのだ。観客が反応する音、演者同士が発する台詞や声、呼吸音、息遣い、足音、空調の音、床のきしみ音、音楽……すべての音を必要に応じて丸ごと受け止められる身体であること。自分自身が演じ踊り激しく動いているときでも、闇雲にならずに音のすべてをキャッチできる身体であること。自身が舞台現場での感応体になれれば可能だ。どんなに決まった動き、決められた演技であっても、感応体であれば身体は躍動する。音は感情を刺激しやすく、全体の雰囲気を決定するほどの力を持つから、感応体となった身体は音の力を存分に自身の力に変換できる。

次に、観客やオブジェ、光、他の演者が発する包括的な力を敏感に捕えなければならない。その力は一種のエネルギー体となって演者の身体に押し寄せて来る。もろもろ絡まり合いつつ場が放つエネルギー総量は、ときに高く、ときに低くなる。それを演者自身が感じ取って、次の一手をどう打つか直感によって判断する。ミスを犯し、タイミングのズレを生じさせれば、往々にしてミスはミスを呼びズレはさらなるズレを引き寄せてしまう。ミスは全体エネルギーの低下を招き、ミスを犯した当人も周辺もミスをカバーしようと焦りが生じる。そうなれば身体は力み、リズムの乱れを生じさせ、さらに望ましくない結果を招く。ミスやズレを瞬時に感得しては、冷静に、熱を保ちながら修繕を図る必要がある。舞台上ではどんなに精緻に準備しても問題は起きてしまうもの。たとえば動くオブジェが途中で止まってしまったとする。舞台上にいる演者に任せるか、黒子としてスタッフが出て行って処理するかしかないが、全体が見えている演者であればどのタイミングでいかに処理するか、瞬時に適切に判断する。よって黒子は不要。しかしもし全体が見えていない演者が処理すれば、頓珍漢な行為をしてしまいがちである。問題は起こしたくて起きるのではなく、起きてしまうのだから、一瞬で冷静に状況を判断する力が重要になる。経験値が低い演者はミスを取り戻そうとさらにリズムを乱してしまいがちだが、経験値の高い演者ならば部分の修正は簡単に計れる。突っ走りつつ押さえるべきところは押さえ、場を読みながら自身の存在を示せるものだ。

舞台作品を生み出すに当たってリズムは最大の柱だ。全体の歯車がピタリと合えば遊びが生まれ、ほんの少しのアドリブがポリフォニックな響きを生み、素晴らしい高みへと作品が上昇するときもある。ただし、すべてがうまく行っているときは調子に乗り過ぎないように注意すべきだ。エネルギーが高まり、歯車がかっちりと噛み合って見えたときに限り、調子よく回転し過ぎて壊れる場合がある。むろん「気分」という落とし穴に嵌ってはならない。それでもリズムが良い具合に回っていれば、落とし穴に落ちたにせよ、すぐに這い出せる。だが、逆の場合はかなり気をつけなければならない。

創作に於けるタイムマネジメント

演者のエネルギーを落とす原因のひとつに「飽き」がある。即興的に場を作り上げて成り立たせる公演や数回しか公演しない作品を除き、レパートリー作品はもとより一週間程度の期間の作品でも危険性は高い。ロングラン公演の出演者は飽きとの戦いと言ってもいい。細かく練り込まれてアドリブが限定的、すなわち同じことの繰り返しであればあるほど刺激は少なく、飽きやすい。だから「すでに知っていること」をいかに新鮮に保つかが問われる。

同じ作品を何十回、何百回と繰り返せば、パフォーマー、スタッフともに気の緩みが出てくるから、新鮮さを保つにはエネルギーを注入し続ける必要がある。自主性に任せるとテンションが落ちるのに比例して作品の質も落ちてしまう。人間は知らず知らずに怠惰な方向に向かい、隙あらば楽をしたがる生き物だ。エネルギーのベクトルが怠惰へと向かえば、少数の意識的なアーティストが抗っても一方向に向かって流れ、ついには澱んだ状態になってしまう。食い止めるには演出的視点によるダメ出しが必須である。舞台に乗る人々が状況を認識し、修正を図れるならそれに越したことはないし、また実際には、実演家自身がうすうす感じているはずだ。だが大勢に支配されれば怠惰病はすぐに蔓延し、作品は日々の経過とともに弛み、質の低下は避けられなくなる。

数回しか公演しない場合はどうか。飽きが来ない程度の「新鮮さを保つ」稽古方法、よくいえば詰め込み過ぎない手法が良いと考える演出家がいる。煮詰め、熟成させるのではなく、参加者全員が身体の新鮮さを保った状態のまま公演に突入するよう仕向ける方法。数回の公演なら飽きる間もなく終わってしまうだろう。だが公演が近づいた段階でなにか突発的な事件が起きる、あるいはマンネリ化がはじまらないとは限らない。脳が刺激を感じなくなればすぐマンネリ化がはじまる。この場合、公演までの日数が少なければ対応は難しい。

とにかく、徹底して身体が飽きを覚えるまで稽古を行うことだ。公演回数が多かろうが少なかろうがこの地点に早く到達すれば安全である。稽古中にマンネリ化の兆しが生じたなら、スタートラインをそこに設定すればいい。以降はマンネリ脱却を模索して細かな検討を行う。さすれば徐々に先が見えて来る。もし演者が飽きて情熱が薄れただけなら問題点を指摘し、当人が認識を新たにできるような稽古を行えば場は活性化する。シーンが長く感じられたり、最初は面白くとも稽古を繰り返すなかで凭れを感じるシーンがあるなら構造自体に問題がある可能性が高い。一瞬の積み重ねが作品になるから、すべての「一瞬」の検証作業を行う必要があるが、多くの場合その地点に達する前に公演初日を迎えてしまう。私自身、作品創作をはじめて一五年くらいはいつもそうだった。作品の核心部分を引き出すには細部を詰め切る稽古が大切。だがそれをどの段階で行えばいいのか。最初から徹底させた稽古を行っては時間切れになり、逆に苦しくなる。創作のタイムマネジメントはきわめて重要だ。

演者は舞台初日に向けて限界値まで自身の身体を磨き、最高レベルにまで持っていこうとする。少人数の作品は緊張感を保ちやすい。他方、多人数になるほど目が行き届かなくなり気の緩みが起きてくる。個々の意識を高く保つのは至難の技で、自身を叱咤し続けられる実演家は決して多くはない。そこで、演出家はいろいろな言葉を投げかけ、良い状態に持って行く方法を試みる。

公演がはじまれば身体はたくさんの新しい事象に遭遇する。通常、稽古場で可能なのは「演技や動き等の稽古」＋「作曲家が作り出した音」＋「小道具」程度だから、劇場入りした後は、舞台上に乗る身体として短時間のうちにすべてを体感せねばならない。もちろん私も最終段階の空間との共同作業を初日前の短い期間に行っている。しかし八割程度の完成形で公演に突入するのが通例。観客が実際に入ることで見えてくるところが少なくない。よって残りは、公演期間中に修正を図る。

私の過去作品の新作公演では、一回だけ山口情報芸術センターで入念な稽古と仕込みを行って公演を迎えられたが、そのときでも実際に作品が熟成したのは、その後の世田谷パブリックシアターであり、つくばカピオでの公演期間中であった。装置と身体、照明と身体に緻密さが要求された作品だからで、ピタリと歯車が合うには本番を経なければ見えなかった。これ以外では、劇場入りのもっとも早い作品で公演初日の五日前。通常は二、三日前だ。資金面の厳しさゆえである。緻密さを求めれば時間が必要だが予算との兼ね合いが付き纏う。

明かり作りの後、やっと舞台作品の全要素が揃うことになるが、そのすべての要素が揃った作品のなかに出演者が立てるのは、通常は一回切り。ドレスリハーサルと呼ばれる本番直前の、本番を想定した最後の通しのみである。セットアップ中の出演者は、明かり作り中のステージに立ったり出はけの確認をしたりする以外は眺めているしかない。この短い時間がパフォーマーには貴重な時間となる。実際に美術セットが入って視覚情報が一変し、音の響き、身体が感じる床の堅さ、空気感が稽古場とはがらりと変わる。その多くの感触を短時間のうちに身体に落とし込まなければならない。集中力が強く求められる時間である。

身体とともに成っていく作品

三〇年以上も前、ポーランドの演出家、ヴオジミエシュ・スタニエフスキはウクライナとの国境付近にあるガルジェニツァ村に稽古場兼劇場を建て、劇団を作った。そこで彼ら劇団ガルジェニツァは共同生活を送りつつ、稽古・公演が一体化した活動を長年行って来た。公演のための準備が日常であり、平常の感覚を保ちつつ演者は作品世界に入り込む。日常生活から別次元の引き出しを開け、自身の内奥と場と他者とのコミュニケーションを不断に図るにはこの環境は最適だ。場は人を育む。場によって性格は少し変化し、生きるスタイルが変わる。場によって身体は育ち、場の匂いが滲み出る。作家にどれほど強い美学があっても場に流れる時空間の感触は作品に染み出てしまう。

舞台芸術は身体の芸術である。空間、時間は重要な要素であり、各々が強く語るが、身体にそれらが反映されてこそ舞台は完成する。世阿弥が『風姿花伝』で述べた通り、年齢と共に身体は衰え、同じ作品を同じ演者で行っても同じ作品にはならない。けれど衰えが作品を悪い方向に向かわせるとは限らないどころか、逆の場合が多い。時間、空間の感覚は年齢が増すに連れて身に浸み込む。場の感覚だけではなく、生きてきた時空間の記憶と感触が舞台上の身体に、時空を超えた「存在するがゆえの凄み」となって反映されることすらある。優れた演者はときにその境地に達する。

一九九七年から二〇一二年までの一五年間、「Ship in a View」という作品を毎年のように行った。初演時に三五歳だったパフォーマーは五〇歳になった。動きの激しい作品で、ジャンプなどのダイナミックな表現も多い。年齢が上がるに連れ、同じ動きを期待するのは無理がある。身体は衰えから逃れられない。誰もが身体のそこかしこに痛みを持つようになった。しかしそれ以上の柔らかな激烈さを真摯なパフォーマーは身に付けていった。空間全体や時間、音を感じ取り、細部にまで行き届く神経の張り巡らされた身体に変わっていった。歳を取り衰えた分、他の要素をどれだけの質と量で身体に注ぎ込めたか、彼らの姿ははっきりと精進を物語っていた。世阿弥は五〇歳以上を一括りにしたが、室町時代と今の五〇歳ではずいぶん身体年齢は異なる。平均寿命は幼児死亡率が大きく関係するのであくまでも参考程度にしかならないが、そもそも日本人の平均寿命が五〇歳をはじめて超えたのは第二次世界大戦後になってからだ。室町の頃はだいたい三〇歳程度だったようだ。現在の五〇歳なら、衰えつつあるとは言え、まだまだ発展途上である。舞踏家の故大野一雄が花開いたのは七〇歳に手が届く頃だ。自身の可能性探求を推し進めようとの意欲を継続的に持ち続けられるなら、身体との語り合いにより見えてくる世界は年齢とともに広がっていく。

また、年を取るといかに生きたかが顔に滲み出る。隠しようのない心根や環境の相違がくっきりと顔に刻印されて浮かび上がる。どんな生活を送ってきたかが見えてしまう。顔、姿は演者にとって大切な要素だから、この仕事はとても苛酷だ。「私はどういう人間か」を示し、存在のすべてをさらけ出して成り立つ仕事なのである。特に二枚目俳優、美人女優と位置づけられてデビューした俳優、女優は厳しい。若いときは顔が美しいというだけでちやほやされるが、時間は容赦なくその顔、身体を襲い、崩してしまう。内面を不断に鍛え込まないとつまらない顔になる。容赦なく内面を暴き立てられ、表に晒されてしまう。

宇宙的身体について

パフォーマーにとっての身体は最大の存立基盤だ。身体を見せなければ舞台は成り立たず、嘘が効かず、真実が現れてしまう容れ物である。

プロフェッショナルの舞台芸術実演家が達すべき境地は、技量の備わった、生命記憶を感じ取れる宇宙的身体を持つ地点であろう。母胎内は羊水から成る悠久の宇宙空間で、その空間から脱したばかりの赤ん坊は宇宙的身体として、すなわちあらゆる生命の歴史を背負いつつ未学習の、本能のままの生命体として生まれて来る。その意識は遥か遠い時空間軸にありながらも、目が見えるようになって後はきわめて身近な部分しか視界に入らない。赤ん坊の意識はマクロコスモス界にあって、この世界はなに？　と周りを覗き込んでいる視線のようだ……諸々、今まで述べてきた通り。舞台芸術実演家はそのコズミックな身体を再獲得することである。

そもそもヒトが赤ん坊の身体になるのは無理だが、赤ん坊にはじまって社会的生物となり、一所懸命努力を重ねて技量を磨き、知恵を付け、そして再び無駄な社会性を削ぎ落とした感覚体としての一種の赤ん坊に戻るプロセスにヒトの価値があると私は考える。つまり赤ん坊はこの世の知識を持たずに生まれ、年を取ることで人は知識を蓄えるが、それを感性の力によって知性へと変える。そして年齢と共に私たちは再び感性世界、つまり高度な知的感覚体へ、宇宙的身体へと戻って行く。これは芸術家に限らない、人間の理想郷だ。私たちは一生をかけて幼少期に失った記憶、時間を求めてさまよい苦悩する。この葛藤のなかでいかに浄化し失われた記憶に近寄れるか、そこに人が生きる意味があるのではないか。

「身体を鍛える」目的も同じだ。「葛藤と苦悩のなかで自身の身体を浄化させ、記憶を掘り起こしながら一歩でも失われた記憶に近寄れる素材としての身体とする」ところにある。そのためには、演劇的身体、舞踊的身体、歌を歌う身体のみに留まらない身体の獲得を目指すことだ。共振し合う、時空間を超える宇宙的身体があれば、舞台芸術作品にも大きな広がりがもたらされやすくなる。

では、どうすれば現代という時間軸、空間軸のなかで、宇宙的身体を持つ舞台芸術家を生み出せるのか。

理想として描けるのは古典型身体だが、現代人が古典を行う意味に関しては深く考えるべきである。古典の身体は、たとえば能楽ならば室町時代以前からの、その身体であるべき時代的必然があって表出した。そして今に至るまで生き延びた理由は、ある時代の形そのままの継承ではなく、常に変化し、同時代と呼吸し合った形を持ったからである。たとえば現在の能楽は室町時代に比べ倍以上も展開が遅くなったという。特に明治以降に遅くなったようだ。あらゆる事象が速度を増しているにも関わらず、なぜ能楽だけが遅くなったのか。時代にあらがい、遅くすることで幽玄性をさらに浮き彫りにしようとしたのかも知れない。が、ともあれ、同時代に生きる身体としての意味を持ち、実践を伴ったからこそ今もある。そんな時空間性を孕んだ身体にできれば現在を穿つ大きな力になる。

一九五〇年代半ばに土方巽が「一所懸命、死体が起きあがった」として舞踏を創始し、一九六〇年代に鈴木忠志が農耕民の身体から日本人の身体を模索した。しかし死体は可能な限り隠され、農民的身体を持つ日本人は影が薄くなり、畳に座る生活は一般的ではなくなっていった。二拍子で行う田植えのリズムは身体から薄れて農業は機械化し、農業従事者数は激減。音楽はアジア型の揺れ動くリズムではなく、規則正しい西洋型のビート音楽が主流となって、椅子に座る生活が大勢を占める。当然身体のあり方は変わった。食事もまた激変した。室町の頃と現在を比較すれば歴然とした相違があるだろう。食事は身体を変える。柔らかい物ばかり食べていれば顎の力は弱くなり、顔付きは細面の顔になる。食物繊維をあまり摂らなくなれば腸は短くなり、胴も短くなる。歩かなくなってしっかりと踏ん張る動きが少なくなれば、腰の定まらない弱々しい身体になってしまう。

身体を鍛える

二〇〇三年、私は演者として舞台に立ってみた。学生時代以来、約二五年ぶりの出演で、ほぼソロに近い作品を制作した。長く演出家として活動してきたが、視点を変えてみたいと思ったのである。演者を見る側にばかり立っていると、舞台に立つ側の視座がわからなくなってくる。舞台を見るために実際に「立つ」ことで私自身が新たな認識を得ようとした。現実には、稽古も本番も崖っぷちに立たされた状態で時間に追われ、精神的に追い詰められて細かな状況を感じ取る余裕はなかった。なんという間抜けなのかと情けなくもなった。演者の立場をすぐ身体に溶け込ませるのが容易でないのは当然で苦渋まみれ、でも楽しくもあった。

その深い意味は時間が経つにつれて感じるようになった。公演が終わって以降、身体には舞台上の躍動感が残った。身体を一〇キロ絞り込んだことで肉の重さを再認識した。見て認識するリズムと、舞台上で感じるリズムの相違が鮮明になった。舞台空間のなかで背中に目を持ち、あらゆる音を感じ取る難しさを痛感した。言うは易し行うは難し。音全体ですら、稽古を見る側として認識する音と見せる側が捉える音はずいぶん違った。舞台に立つ側は微妙な音をとらえつつタイミングを押さえ、間違えずに次の動きを繰り出さねばならないのだが、見る側は常に全体を捉えつつ細部の音をチェックする、つまり重心は全体にある。この経験から、演者にとっての舞台空間は身近にあって馴染み深く、使いこなした楽器のようでなければならぬと思った。空間も音も人もオブジェも自在に操れる楽器であれば、場の内側を自在に羽ばたいて、宇宙空間への道筋を作る。演出家の自在性と演者の自在性はずいぶん方向が違うと実感した経験になった。

むろんそれらは認識していたつもりだ。しかし改めて演者にとって必要なトレーニングを確認した良い機会であった。身体を鍛えるに当たり、決定版としての鍛え方があるはずはない。そうは言っても柱になるのは次の五つ。「踊る」、「語る」、「歌う」、「闘う」、できれば「演奏する」身体、この五つの身体を作り出すこと。全身が宇宙と感応し合えるリズム体としての身体を持つことだと確認した。

これら五種の鍛錬を同時に進行させることで上げられる成果を取り上げる。

①踊る身体

大昔、大自然のなか、人類は自らが生きる上で経験値としては大量の、けれど科学的には皆無の情報によって生きていた。アニミズム信仰は自然を頼って生きるしかない彼らが恵みや危機、災害をもたらす自然物のひとつひとつに対して畏怖の念を抱くようになり信仰化したものだ。神の概念が芽生えると、すべての厄災は神々である自然や自然物によって起きるとし、怒りを鎮め、かつ怒らせまいと具体的な形で示そうとしたのが「奉納」である。シャーマンが行ったが、もっとも原初的な表現は、声に出して歌う（歌というよりはるかに単純な、うなり声のような音だっただろう）か、木や石、土を打ったり擦ったりして音を出すか、身体を踊りのように動かし大地を踏みしめるかだったはずだ。音や声をシンプルに繰り返し、そこにリピートする単純な動きを乗せればトランス状態へと移行できた。だから彼らは、嬉しくなれば歌とも唸り声ともつかぬ声を上げて身体を動かし、苦しくなればシンプルな動きを繰り返し、トランス状態に至って別世界との交流を図った。私自身、幾度となく見、経験もして来た。トランスすれば生きたままこの世から離れて別世界に行ける。太古の人々はそれを神聖な世界と信じ、神なるものとの交流の場に変えて、「奉納」を行った。

しかし「奉納」を持ち出すまでもなく、そもそもヒトとなったとき、人間のもっとも原初的な喜びや悲しみの表現は音を出すか、身体で踊っての表現だったと思われる。「踊る」行為は、人間が内面に生じたエネルギーを形にしたくなったとき、真っ先に出てくる表現行為だ。ことばを話す前の赤ん坊でさえ手足を動かし、踊るような動きをする。元来踊る資質は誰でも有しており、神の概念が芽生えて以降は、身体を使って人はトランスして神領域に入り込み、神世界と人間界の間に橋渡しを行おうとしてきた。

奉納行為が成熟すると、日本ならば神楽のような芸能になった。踊る身体が神との間に橋を掛けるメディアならば、そこには聖性が伴い、宇宙との連関の上で成り立たせようとする無意識に近い意識が潜んでいなければならない。舞踊は単なる楽しさを超え、超自然的意味を含んで、人を異空間へと導く行為なのだ。逆に言えば、舞踊は身体をこちら側（現世）とあちら側（異界）を繋げる触媒として機能させる。さらには表現行為に於いて、宇宙的身体の基礎を築く目的のための強い有効性を発揮する。舞いの身体があってこそ、結果的に人は時空間を超えた宇宙的身体となり、見る側も安心して異界に導かれる。

舞台作品は「もうひとつの世界」を作り出すことだ。台詞の説明によって認識される作品でない限りは、時空間と身体によって異界を作り出すべく仕組まれる芸術である。むろん台詞によって成り立つ舞台であっても、それを異空間というほどの凄みある空間に変えようとするなら、触媒となる強靭な身体は欠かせない。その基礎には舞踊があってはじめて異空間に向かう旅立ちの身体となる。よって舞台芸術家はすべからく「舞踊」を知らなければならない。「踊ること」、「踊れる身体を持つこと」は異界としての舞台に立たんとする人間のはじめの一歩なのだ。

では、そのために望まれる舞踊形式はなにか？　バレエ、モダンダンス、ジャズダンス、ヒップホップ、舞踏、日本舞踊……民族舞踊は世界中どこにでもあって、多様な舞踊スタイルがひしめき合うが、実はどんなスタイルでもよい。相違は大きい。バレエのように上に伸び天に向かう身体と、大地に向かって下降するほとんどのアジア型舞踊の身体では、あり方はまるで違う。けれど大切なのは身体の基点を作り出すこと。もしも枠が定まった領域の舞踊家になりたいなら、スタイルに収まるべく身体の鍛錬を施せばいい。しかし「創造的な新しい舞台芸術」のための身体を考えるなら身体に入れ込む舞踊スキルは多様な方がよい。ただし基点となる舞踊スタイルは身体にみっちりと仕込まれていなければならず、その身体を利用しながら次のステップを目指すのが肝要である。さすれば可能性は大きく膨らむ。確固たる身体、軸のある身体は必須なのだ。

とは言え、舞踊のように繊細な機能的身体を獲得するには膨大な時間とコストを要し、多大な身体的苦労がそのプロセスには伴う。それが視野を狭くしがちだが、身体的な視野の拡大が図れれば舞台芸術のビジョンは一気に広がり、身体の可能性探求の道を拡張させる。

②語る身体

人は意識が芽生えるとことばを持ち、他者に意味を伝える。効果は絶大で「それはなにか」を表せて便利である。演劇作品の多くは台詞回しが稚拙でも、意味が認識できれば全体ですら分かった気になってしまう。

だがことばは意味ばかりではない。ことばの響きは人を安心させる効果や、高いテンションを感じさせる効果、その他多種多様な効果がある。強い響きの声は人の心に入り込みやすく、聞く者の心を動かす作用がある。人は意味以上に直接声で感情を感じ反応する。

私は意味の在、不在に関わらず、声の原初性を重要視してきた。もしも意味が必要ならば声に意味を付与する形でことばを乗せる。はじめにことばありきではなく、真っ先に声があり、それを活かすようことばを乗せていく。

舞台芸術とはいかなるものか。日本の近代以降の演劇は西洋演劇を模して、戯曲文学の形象化を図ってきた。しかし古典を紐解けば、京劇、能楽、歌舞伎……世界中の芸能のどれをとっても、真っ先に戯曲ありきではない。声ありき、動きありきである。音声をいかに生かすか、音声と意味をどう繋ぐか、ここに焦点を置いて作劇を行ったはずだ。京劇でも能楽でも歌舞伎でも声があってこその舞台である。私は古典礼賛をしたいのではなく、舞台芸術は原初的動機があって誕生し、はじめに声と動きがあったと強調したいのである。それらから舞台芸術の形態が生まれたと考えた方が成り立ちを思えば自然だ。ところがいつの間にか演劇は意味の延長上に置かれるようになり、戯曲が極端に重要な役割を担うようになった。むろんいい加減でよいはずはない。一方、包括的舞台芸術概念が希薄になり、「演劇」と括ることで意味へのシフトが加速していった。

舞台上でいかなる声を使うか、そのためにはどんな声を開拓すれば良いか、徹底して探る必要がある。舞台芸術は文学の延長であってはならないが、意味あることばを使っていけないわけがない。もちろん声とともにことばを使用するなら明瞭で通る声でなくてはならない。滑舌がはっきりせず、小さな声で語られたのでは観客はフラストレーションが溜まる一方だ。意味が付いて回ることばだからこそ意味を明瞭に伝える技術の獲得は必須である。

舞台芸術作品のことばは語るための詩であり、ことばだけでは完成しない未完の詩の一部だ。総合的な舞台芸術詩としての完成形は時空間全体で語らせるところにある。だがことば自体がいい加減では相互作用など生まれるべくもない。

③歌う身体

声はとても原初的である。喜びも悲しみも声になって迸り出る。感情をともなった声がメロディ、リズムとして出て来るのが歌だから、歌は感情の振幅やリズム感を養うに適切。歌詞のある歌、ボーカライゼーションどちらでも効果は高いが、意味のある歌詞が付いていれば感情表現はより出しやすくなる。歌い手にとって感覚増幅のための装置が歌詞だ。本来は歌詞なしでも歌い手は生命の奥深くからの表現に持っていけるのが基本ではあるけれど、人間は意味に感情を委ね、意味に支配される生き物で、意味と感情が結び付けばより深い表現を示しやすい。それに歌詞自体にはリズム要素もある。だから歌詞効果は高い。が、たとえばジャズ歌手のサラ・ボーンがスキャットのみで歌ったスタンダードナンバー「枯葉」を聴けば、いかに素晴らしい歌い手が声のみで歌詞世界を超えてしまえるか、知ることができる。

声も歌も腹式呼吸ができなければ薄っぺらな声にしかならず、力を入れて声帯を締め付けてしまってはまともな声にはならない。腹筋、背筋が弱く身体を空気袋のような感覚にできなければ声の響きは得られない。声に響きがなければ観客の心に歌も台詞も染み込まない。歌をトレーニングするとは、身体の筋力、リズム感、柔軟性……さまざまな機能性の開拓に繋がり、感情の豊かさを育む。

④闘う身体

舞台芸術家は格闘家ではないから、本格的に闘いのための身体は不要である。しかしそもそも舞踊と武術は密接な関係があった。ブラジルのカポエラ、インドネシアのシラット等、世界中で舞踊が武術の隠れ蓑として発達してきた例は枚挙に暇がない。日本では逆に、舞踊は武士にとっての身体鍛錬の目的があったから舞踊と武術の近しさは明瞭である。むろん舞台芸術に於いても身体技術としての舞踊、武術の有効性は高い。また、日常とはかけ離れた勝負の場としての武術空間は、特殊な集中を必要とする異空間であるため非日常空間に入り込む能力を養う手段として有効である。

闘う身体であるには、しなやかな動物的鋭敏性を備えた、軸のある身体でなければならない。相手のリズムを崩しこちらのリズムに巻き込みながら勝機を見出し、軸がふらつけば闘いにならず勝負に負けてしまう。相手と自分との間に自身に有利なリズムと距離を作り出しつつ勝機を見いだす、これが闘いの本質だ。であればその訓練は、時空間と他者を感じ取るのにきわめて有効な手段となる。

ただし格闘家になるために訓練を行うのではないから、過度にのめり込むべきではない。他のトレーニングが疎かになり、余分な筋肉が付きかねない。舞踊にとってプラスになるとは限らないのが過度な筋肉トレーニングである。ブルース・リーやジャッキー・チェンのように格闘技を売りにした俳優がおり、格闘技を中心にした舞台作品もあるから一概には言えないけれど、躍動する筋肉を使ったリズミカルな身体はとても心地良い。だが、大切なのは舞台芸術の基礎となる身体、すなわちリズム感を持った軸のある身体で、適切な距離と空間を感じ取っては一瞬ですべてを把握するための身体トレーニングとして、「闘いの訓練」を行うべきだ。

どのような武道でもいいが、相手の力を自身の力に変える、年齢にさほど関係のない合気道は舞台芸術にとって有効性が高い。

⑤演奏する身体

実演家が楽器演奏のトレーニングを行う意味は、音感やリズム感を養う目的以上に、自身とモノとの緊密な関係性を作るスキルを身につけるところにある。楽器との間に密な関係が作れなければ良い音は出ない。

楽器を鳴らすには、鳴らせる身体を作り上げなければならない。音楽家は一生を掛けて、楽器を鳴らすための身体を作るが、音楽家ではない舞台芸術家が音を鳴らすための身体作りを行う目的は、モノと自身を一体化させる感覚を養うところにある。舞台芸術家にとって、モノはただのモノではなく命を孕むモノだ。緊密な関係の舞台に存在する一種の生命体としてモノを感じ取り扱うことで、空間全体を有機的場へと変える役割を果たす。

楽器の演奏稽古からはリズム感覚と音感が得られる。むろん譜面も読めた方がいい。次には、身体の延長線上にある「モノ」を生命あるモノと感じられるようになる。楽器は自分自身ではなく、あくまでも身体から伸びた別の物体であり、コミュニケーションを深く計らなければ鳴ってくれない異物である。それを自身の身体の一部と感じられるまでに同化させる。そして自身とモノとの協働作業から複合的リズム、音楽を生み出す。

パフォーマーは、複合的リズムをモノや他者との関係性のなかに作り出すのも大きな使命だ。常に変化するリズムに対応できるリズム感を持ち、不意の変化に瞬時に反応する機敏さを養うにも楽器は有効なトレーニング手段である。

演出家の身体

舞台作品は身体的である。それはなにも実演家だけが身体を駆使するという意味ではない。本来あらゆる芸術は生み出す芸術家の身体の延長線上にあるが、舞台芸術作品は身体を媒介とした芸術であるため、より一層、参加するすべての芸術家の、なかでも演出家の身体がそのまま反映される。演出家は空間を見、時間を感じ取り、演者を動かすに当たり、全身体感覚を用いている。もしも演出家の身体が弱く、動けない、声を出せない身体であれば、作品はそんな作品になる。つまり総合的、宇宙的作品を目指すなら、演出家の身体がそうでなくては作品には反映されない。

私の演出風景は面白いのだそうだ。椅子に座っていてもかなり動いているらしく、でも私自身は気づいていない。たぶん音、オブジェ、光、演者の動き、声等の全体と私自身が一体化し、稽古中は空想も入りつつ演出しているため、勝手に身体が動いてしまうのだろう。

さて、演出家はどんな身体を持つべきか。多くは演者と変わらない。①音の感覚、時間に対するリズム認識力、②身体感覚と身体認識力、③空間構成力、空間が作り出すリズム認識力。この三つの認識力は必須だ。ただこれらに加えて、どうしても必要になるのは全体を纏め構築していくための、総合的な構想力であり哲学である。すべてを脳のなかで纏め上げながら現出させ、観客を納得させる役割を担う。だがそれが凝り固まってしまうと、ことばに縛られ変化を生み出すのが難しくなる。構想し構築するが、同時に崩す力も大事で、それができるかどうかは全身体で感じ取るセンスにかかって来る。

＊＊＊

舞台芸術作品は常に身体から逃れられない。身体感覚の稀薄な身体を観客に見せるのも、そのような身体の持ち主が創作活動に勤しんでいられるのも、舞台作品に対しての認識の甘さゆえである。作品に対して真摯に向かうなら身体認識は欠かせず、そうでなければ舞台もどきの作品にしかならない。舞台芸術は身体を省いては作品にならず、強い身体を持たない限り、本来は国境も人種も文化も越えてはいかない。だが強度のある身体があれば、舞台芸術はダイレクトに他者に伝えられる強烈な芸術メディアとなる。

第六章　物語喪失時代にあっての物語とは？

――「Heart of Gold」――百年の孤独」に至るまでの実際

物語は作り出せるのか？

私は物語が好きだ。しかし現在は現実に起きる事件が空想の物語を凌駕してしまい、物語らしい物語を描くことができなくなったと言われる。本当にそうだろうか？

子どもの頃に聞かされた話や、小説で読み、映画で見た物語から多くの感銘を私は受けてきた。物語はもうひとつの現実を描き出して地球の果て、宇宙、冥界等の手の届かない世界はもとより身近な世界の愛憎や奇譚等々、一時的に私が知り得ぬ世界の住人となって胸をときめかせられる異世界の万華鏡と言ってもいい。チープで苦笑するしかない物語もたくさんあったが、それですらもうひとつの現実かも知れないと思った。

物語は私たちが見聞きしている世界が唯一の世界ではないと教えてくれる手段である。そこに詩性があれば深い感動となり一生の宝ともなろう。だがもし、多様な物語世界を現実界が凌駕する状況ならただ事では済ませられない。

一九九〇年代から舞台芸術界でもまた大きな物語は描きにくくなったように見える。歴史を見返すでも未来を描き出すでもなく、対象テリトリーが現在に絞られて、一緒に悩みや苦しみを共有しようとする作品が増えた。もちろんこれは舞台作品に限らない。美術界で起こったフラット化もそうなら、日本のノイズ系ミュージックはミクロ的視点から出た「オタク系」アートで先端芸術として注目された。「クールジャパン」、「かわいいニッポン」型アートも同様、オタク系先端アートである。それは箱庭的視点として秀逸であり、サブカルチャーとして現実を穿つ。しかし二〇〇〇年代半ばにはメインカルチャー化して来た。日本を中心にしながら世界中がオタク化に向かい、市民権を得て大手を振って歩くようになった。「オタクが日本を救う」との論調を時々見かけるまでになった。

その一方で、現実は激しく動いた。二〇〇一年九月一一日にアメリカで起きた同時多発テロ、二〇一一年の東北地方太平洋沖地震、津波を起因とした福島の原発事故など、起きるはずがないと考えられた事件、事故が起こっている。一九九〇年にはベルリンの壁が崩れて東西冷戦構造が崩壊、二〇一〇年日本では自民党から民主党への政権交代、二〇一一年のチュニジアを契機にアラブ世界に瞬く間に波及した反政府運動「アラブの春」等々……多くの人々は熱狂し次なる時代の到来に期待し、明るい時代に向かって新たな世界の物語が描けるのではないかと夢見た。しかし現実が明らかになると落胆は大きく、今では保守を装った極左が各国で急速に台頭、テロリズムに頭を悩ませ恐怖と危機に直面している。変化の契機は劇的ではあったが劇性は瞬く間にしぼんで形を変え、歪みを伴って別の形となり、状況は一層混濁して現実の物語は焦燥感と絶望に溢れつつ大きな潮流となって動いている。

まかり間違えば制御不能となる可能性を秘めた原子力発電所は世界中に約四三〇基存在する。その一方、冷戦構造が崩れた後、小さな戦いが次々と生み出されてテロを誘発、原発などは格好の標的になる可能性が高い。また人間は絶対に間違いを犯す生き物であるにも関わらず、核兵器を一万五〇〇〇

○発以上も有してさらに開発に余念がないのだからおめでたい限り。遺伝子組み換え食品が大国の論理で世界中にばらまかれて、今は何を食べさせられているかわからない時代である。コンピューターがコンピューターを作り出す時代を迎えると言われるが、そのとき人間である意味は強く問われるに違いない。むろんまだまだ未来の状態は見えないが、こんな状況下にあって人間の未来は明るいとはお世辞にも言えまい。それにも関わらず経済ばかりを優先させて、政治家は矛盾の塊である核をはびこらせては軍事産業で利益を出そうと画策し、おかしな食い物を売りつけるために邁進、人工頭脳開発に突き進む。

現実は奇々怪々で、ほんの少し前まで荒唐無稽だと考えられていたことが実際化している。予測不能なほどの速度で進む「現実の物語」が溢れかえる時代にあって、新たな物語を描き出すなんて本当に可能なのかと思うのも致し方ない。状況をわかりやすく描くよう求められる社会であれば現実の速度の方がはるかに劇的だから、物語自体は陳腐化、箱庭化し、目の前を追いかけてしまうのはもっともかも知れぬ。そこで、こんな時代にあって物語を描く意味があるのか、今、物語が果たす役割はなにか、あるいは今後の世界に向けて物語はどんな可能性を持つのか、解き明かしたい。

物語の壮大さについて

「私」には知ることのできない世界があると認識していた時代、人々にとって物語は心躍る未知世界との交流手段であった。だが近代以降、一気に知らない世界の範囲は狭まり出し、インターネットの時代ともなると世界の状況を瞬時に知るまでになった。与えられる情報は玉石混淆、正誤さまざま、嘘だらけだが、豊富な情報によって世界を知った気にはなれた。

ジョナサン・スウィフトが『ガリバー旅行記』を書いた一七世紀、ヨーロッパは大航海の時代であった。未知の土地に憧れて船出し、到達できれば搾取、強奪を行い、自国に富を持ち帰らんとした大航海型覇権主義時代は未知領域が大きく、『ガリバー旅行記』は当時大変な人気を博したという。「巨人の国」や「小人の国」があると信じた人は少なかっただろう。しかし一縷の可能性と世界の広さにときめいた人はたくさんいたと思われる。知識の欠落が夢を駆り立て、人々に多様な空想を抱かせた幸福な時代とも言えた。それが今では科学的には存在しない絵空事だと誰でも知っている。

今、人々は世界を知った気になり狭い世界の住人だと思い込んでいる。しかし「巨人の国」や「小人の国」が存在しないとは知ったが、足を踏み入れられない場所やミクロ世界、マクロ世界、宇宙を持ち出すまでもなく、私たちがわかったと思い込んだ世界などたかが知れており、未知領域は茫漠と広がっているのが現実だ。科学は全能にはほど遠い。専門家でない者がわかったと思い込めるのは自然界に対して傲慢になったからであるとともに、情報量の多さは拒絶をも生み出し、見知った範囲で満足し新たに知ろうとする意欲を失わせてしまう。現実の動きが凄く、かつ未知を探求する必要がなくなったために物語が作りにくくなったのではない。私たちの心のなかに物語を画一的な枠組みに押し込んでおこうとする硬直した意識があるからで、それを崩すには「物語」の捉え方自体を変化させなければならない。時代の変化は物語性のあり方を変えるとの認識が必要なのだ。

こんな時代にあってどんな物語を生み出せるのだろうか。私たちはストーリーを描くのが物語だと思っている。が、多様な切り口から物語は作り出せる。音楽を聴き、建物を見、風景を眺めるなかで、人は物語を感じてしまう生き物である。私たちの記憶は、ときにひょいと顔を覗かせ、縦横に繋がって勝手に物語化し感情を動かす。その根には衝動があるが、集合すると物語になる。すなわち見聞きしたものが、感覚の源泉に触れれば物語性を感じるのだ。しかしその物語に詩性があるかどうか、そして詩性を読み取れる認識力、感性があるかどうかで物語自体の豊かさが変わってくる。それには作家側はもちろん、受け手側も知識の範囲を超えて感覚を研ぎ澄ます必要がある。素晴らしい物語の根幹には〈詩性〉が存在し、それは空間にも時間、身体にも存在する。

小説の「物語」は「言語」という限定要素で成り立つ。一方、舞台芸術には「空間」、「時間」、「身体」の三要素があり、どのようにでも組み合わせられる自在性を持つ。ことば、ムーブメント、空間全体の動き、場所性、音、時間のリズム、声……と、非常に多様。意味することばによってのみ解釈する偏狭さを投げ捨て、空間が作る詩、時間による詩、身体の作り出す詩が複合的に絡み合いながら、結果、一篇の空間詩として成立するのが総合的舞台芸術作品としての物語なのだ。

二〇一〇年にジャン・リュック・ゴダールの映画「ソシアリスム」を観た。あらすじはよくわからない。台詞はあるが断片的だ。よっていわゆる古典的な意味での物語性はなくエンターテインメント映画ではまったくない。娯楽として楽しめる人は皆無に近く、興行的成功はあり得ない。だが私は久しぶりに映画の醍醐味を味わい、作品を作る希望を改めて感じた。この映画は、八〇歳を過ぎた監督が制作した、音と映像による複合的なリズムから成った作品だった。

映画はリズム自体がテーマとなり、独自言語にまで高まっていた。音自体によるリズム、音量増減によるリズム、音の急変から生まれるリズム、音と無音のリズム、映像モンタージュによるリズム、色味によるリズム……それら映像と音による大きな抑揚と小さなパルスが渾然一体となって波になり、観る側に迫って来る映画で、多くの要素が引き起こす破壊的、暴力的リズムによって成立していた。通常のあらすじによる見方や情緒による見方を回避して身体の感じ方を変え、身体が感覚的思考体となってはじめて見えてくる映画だった。

さてそれでも映像は二次元。舞台芸術は三次元である。これがさらに舞台芸術を可能性あるメディアにすると同時に、総合的な感性が必要な、難解なメディアにしている。二次元の映画メディアがこれほど多大な希望を示せるのだから複合性を持つメディア、舞台芸術には膨大な可能性が見出せる。要素がひとつ増えれば、二乗の膨らみが得られ、逆に浅薄になるのもとても簡単だ。

物語のあり方を問い返そう。第四章で〈音の物語〉について触れた通り、外国語の素晴らしい歌を聞けば歌詞の意味はわからずとも物語性を多くの人々が感じ取れる。音楽の抽象性は、はじめから聴取者に向かって意味としてではなく感覚で受け止めることを許容し、感性の開放を促す。

元来、人の脳内では抽象、具象は渾然一体となってイメージ化されていた。そもそも具象と抽象という区切りは脳が後天的に作り上げた概念である。すべては具象であり抽象、この二つの概念は表裏一体で、抽象性が強ければ物語を感じにくくなるのはそのように教育されてきたからに外ならない。現在、神話は難しく読みにくいが、それは神話世界のロゴスと現在のロゴスの間に大きな相違があるためだ。

次のイヌイットの神話を私たちはどう読むだろうか。

人間は動物に変身したいと思えばできたし、動物が人間になることもむずかしくはなかった。たいしたちがいはなかったのだ。
生き物は、ときには動物であったし、ときには人間であった。みんな同じことばを話していた。その頃は、ことばは魔術であり、霊は神秘的な力を持っていた。
でまかせに発せられたことばが霊妙な結果を生むことさえあった。
ことばはたちまちにして生命を得て、願いを実現するのだった。

原初性を備えた世界各地の人々は同じような思考を持っていた。動物と人間に違いはなく人間は仮の姿であり、それは人間界と動物界、死の世界と生の世界を往還する存在だ、と。

ペルー人の作家バルガス＝リョサは小説『密林の語り部』で、現代社会に失望し、アマゾンに住むマチゲンガ族に入り込んでしまった顔に酷い痣のある秀才の話を書いている。彼は年月をかけてマチゲンガ族の語り部になった。語り部になるのはマチゲンガ族のなかでも容易ではない。ましてや白人が、尊敬される語り部になるなんて起き得ない。これは小説だからだが、その部分はさておき、現代のロゴスとはまったく別の形で展開されるロゴス認識がなければこの小説は理解不能であろう。

繰り返しマチゲンガ族の部落を訪れて来た探検家の関野吉晴は次のように書く。

マチゲンガ族は年令も不詳だ。彼らには4以上の数字がないからだ。「1、2、3、たくさん……」となる。人間がそれ以上の大きな数字を必要とするのは、農耕や牧畜をして、余分な食料をためるようになったからだ。（……）3までしか数字がないのは、劣っているからではなく、たんに必要がないだけなのだ。

だがマチゲンガ族には豊かなマチゲンガの言語がある。精霊、悪霊、動物、植物、太陽、月……等々を語れる言語であり、彼らにとって必要なことばでマチゲンガの語り部は世界について語るのだ。昔、人間は神話に代表される別のロゴスがあった。それが西洋型思考一色に染まって疑問を抱かなくなった。西洋型の論拠手法だけを受け入れているのが現代社会ならば、神話は読み解けまい。だが大事なのはここだ。神話に限らず多様な物語が私たちの周りには実にたくさん存在している、が、私たちは気付くことなく、すぐ側を通過してしまっている。

音楽には物語性を感じやすい。歌詞の付いたポピュラー音楽ならば、歌詞を聴いて理解し、小さな物語として認識するが、歌詞が付いていない多くの音楽からも私たちは物語性を感じている。それは私たちが長期間、感覚的に音楽を捉える訓練を受けたからだ。音楽を専門に勉強した人でなければ、音を分析して認識する訓練は受けていない。つまりことばと違い、音楽は常に感覚に依拠しながら私たちの側にあった。ゆえにまるごとそっくりそのまま捉える癖が付き、これが良い方向に働いてきた。

一方、視覚で捉えた事象は感性で受け止めてすぐ、脳は分析を始める。たとえば、山に登り素晴らしい景色を目にしたとしよう。最初は感動や晴れ晴れとした気分が襲うが、すぐに、ルート分析やら山々の名称やら天候などについて時間情報を加味しつつ知りたくなってくる。つまり視覚情報は、他の情報を手繰り寄せ、分析へと向かいやすく、ことばに変換したがる。

時間芸術であり空間芸術である舞台作品の鑑賞は、空間の変容を演出家に委ねて成り立っている。目に映じた空間の情報を十分分析処理できる時間がなければ、分析を欲する脳は疑問符だらけになったまま取り残される。この思考回路を一度壊し、目に映った像を丸ごと脳に落とし込む訓練が必要になる。簡単に言えば、作品が終了するまで分析しない癖を身につけ、全体をそのまま受け止めておき、公演終了と同時に猛烈に分析脳を稼働させる訓練だ。それができれば「空間の物語」をじんわりと感じ取れるが、同時進行で行えば分析癖が壁として立ちはだかり邪魔をする。つまりことばや音、身体の動き、光、オブジェの動きなどから変容するステージを細かく分析処理しようとすれば、その膨大な情報量に太刀打ちできず脳は混乱を来してしまうことになる。

だから丸ごと引き受ける意識、態度が大事なのだ。訓練は必要だがとても簡単な訓練で、場に身を浸し、思考を一時停止しようと意識し、場を離れてから「あれはなんだったのだろうか?」と考えはじめるだけ。それを繰り返せば、起きていたことを丸ごと捕え、全体から細部を思考する癖が身に付く。

思考すること自体、多くは既知世界との符丁を求める記号化作業となっている。それはあまりに芸術とは相性が悪い。なぜなら芸術家はそのプロセスを崩したいと望むからである。同時進行の思考作業はなんのメリットもない。まずは「丸ごと受け入れること」だ。

神話や神話性を伴った物語は、解釈が困難になるのは致し方ないとして、新たな芸術的ロゴスを認識するにはどうすればいいのだろう。新しさに対して人々は保守的である。「新しさ」には二種類ある。ひとつはただ知らないだけの新しさ。もうひとつは突然変異的な新しさだ。しかしどちらもきっかけさえ掴めればすんなり身体に落とし込める。突然変異的に見えてもそのプロセスには必ず要因がある。

一九八八年秋のパリ。ジョージアに生まれ育ち、ソ連で映画を学んだアルメニア人の映画監督、セルゲイ・パラジャーノフの映画「アシク・ケリブ」を観た。驚いた。それまでに観たどんな映画とも違って、人物配置、映像リズム、色彩感覚が不思議で別の時間軸、空間軸を作っており、観ている間も観終わった後も、摩訶不思議な世界に放り込まれたかの酩酊感が残った。その後しばらく不思議感覚が離れず、ときどき思い出しては妙な気分になった。数年して日本にもパラジャーノフ・ブームが訪れ、彼の他の映画を纏めて数本見たが、相変わらず奇妙、独特で面白く、かつむず痒い感覚が残った。この不思議な感覚を一気に拭い去れたのは、それから五年後。ジョージア国立民族舞踊団の公演を香港で見た時である。アルメニアとジョージアは隣国に位置し、ジョージアはジョージア正教会、アルメニアはアルメニア使徒教会で異なった教派だが、両国とも東方教会に属するキリスト教信奉の国家である。東方教会は西方教会とは違って偶像崇拝が禁じられ、古くからの文化が残された宗教で、両国ともローマ、ペルシア、オスマン、モンゴル等の支配を受けながら文化維持を諮って来ている。よって文化的相似点がかなり多い。舞踊団の作品はパラジャーノフの世界がそのまま浮き上がってきたかのようだった。リズム感、色彩感覚、空間認識がこの映画監督の世界と瓜二つ。ジョージアに生まれ、育ったアルメニア人監督の根源的イメージはジョージア伝統舞踊の時空間と通底し、私の日常から遠く離れた不思議世界として存在していた。舞踊には、古の庶民の日常的情景が入り込んでいるが、それに留まらず、東方教会の伝統的なイコンがそこかしこに散りばめられてきらびやか。現代にあって現代ではない、古から存在した時間を見た感覚になった。

異なった文脈で成立する物語はわかりにくくて当然である。だがパラジャーノフ映画のように解釈の視点から入らなければ、不思議さとともにすらすらと身体に入り込むケースが少なくない。人間は根源的な部分ではさほど変わらないものだ。「決め付けの回路」を取り払えば、豊かな、古くて新しい世界が一気に襲って来る。まっさきに解釈しようとしなければ、強いイメージとなって残る場合が多くあり、私たちの詩性を刺激する。

突然変異的に見える革新芸術はどうか。その成立プロセスにはいくつかの要因が重なっており、時代的要請と個人的要請のふたつの要因が合致してはじめて認知に至る。革新的な芸術は実際には数多く生まれているが、時代性に合わなければ認知には至らない。つまり少なからずの人々がプロセスを理解できる段階に達しているとの条件がある。なにかしら気になる場合、そこには通底口が開いているからで、であれば自身に落とし込むのはさほど難しくはないはずである。

涅槃経に「草木国土《そうもくこくど》悉皆《しっかい》成仏《じょうぶつ》」という用語がある。草木のような生物はもとより、鉱物である土にさえ仏性があり、成仏するという意味だ。鉱物でさえも生命を持って他を感じられる世界観を持った社会ならば、物語は大きく枝葉を伸ばせる。あらゆる物体が独自のことばを持って意思表示を行う存在だと認められるなら世界は多様にふくらむ。今、目の前の、人間界の事象しか見ない態度で世界を見るならばその視線は細るばかりだ。そんな人間中心の世界観しか持たない社会からは多様な物語が失われてしまうのは致し方あるまい。

今から四〇年近く前、岡本太郎がよくテレビに出ていた頃、彼が子どもの画に接したときの喜び方が凄かったのをよく覚えている。子どもの画はえもいわれぬ力で見る者に迫り、画家をもたじろがせる。それが技術を超えた力を持つのは、学習を施された結果としての意味世界を超えて、異界を感じ取る目が描き出すからである。まだ生物としての根源的力を宿しているのを見せつけるからだ。合理的世界の仕組みを知らぬまま、もうひとつの世界のあり方を切り取っているからだ。

切り取り回路がひとつしかなく一定の方向からしか向き合えないならこの世はなんとも味気なさ過ぎではないか。物語とはなにか、問い返してみよう。バラバラに見える方角から細い糸を辿れば根源に眠る物語が見えてくる。その豊かさをことばでは表しにくいが、草木国土から発せられ、生み出されるいろいろな言語を駆使した、決まり切った概念を超えた多くの物語がこの世には存在する。それがわかれば、多様で不思議に満ちた物語に囲まれて私たちは生きていると知る。

『百年の孤独』に向かう

物語の自在さについて述べてきた。しかし具体化するのはまったく簡単ではない。

私はメキシコの部族、タラウマラ族の名をカンパニー名に冠したときから、「いかに物語の境界を崩し、新たな物語を作り出すか」が念頭にあったが、三〇年間の道程は困難を極めた。その具体的な道のりを、二〇〇五年に制作した「Heart of Gold——百年の孤独」をもとに紐解いてみたい。この作品はガルシア＝マルケスの『百年の孤独』から来ているが、そもそも一九八二年にカンパニーをはじめたきっかけがこの小説であったのは、冒頭で述べたとおりである。

『百年の孤独』は一族の壮絶な百年史だ。ブエンディア家の頭領がマコンド村を開拓してから一〇〇年後、孤独に取り憑かれた一族に、初めて愛らしい愛が芽生えると同時に一族の歴史そのものが消滅してしまう物語である。南米のマジック・リアリズム小説の代表作に挙げられる通り、現実と非現実が混じり合って荒唐無稽な出来事が連綿と描かれ、時空は曲がり、人は空を飛び、次々と死に、むせ返るほどの激しい性によって血が繋がり、エピソードが次から次へと湧き出ては折り重なる、熱気のなかで愛の不在と孤独が絡み合ったマジカルで濃密な百年史である。

私はこの濃密さに目眩を覚え、いつか形にしてみたいとの欲求は衰えず続いていた。一九八一年に晴海の倉庫で、寺山修司演出の「百年の孤独」を見た。そのときはおもしろさと手に余った印象を同時に感じている。小説『百年の孤独』を寺山は、文学、演劇的身体、空間、巨大装置の切り口で創作したが、もともとの小説の壮大さはそれだけでは表現しきれないと感じた。新しいなにか別要素が必要であり、それこそが私にとっての「新しい舞台芸術言語の創造」を意味していた。むろん新しい言語がなにか、そのときは皆目見当がつかなかった。

どう扱っていいか途方に暮れる時間を長いこと過ごした。私は見えない巨人に立ち向かうドン・キホーテのようだった。日常から切り離された独自の時空間に存在するドン・キホーテは、他者から見れば奇人、変人でしかなかろうが、視点を変えれば奇人は賢人にもなり得、元来どんな物語でも読み方は自由、なにもひとつの方角だけを向く必要はない、自由な発想がこの物語を形にする際の鍵だとは思った。壮大な物語であることを逆手にとって自在さを獲得し、物語の大きさそのものをテコに発想をひっくり返せれば、作品化できると考えたのだ。だが「自由」、「自在」のことばは躍っても具体策は朧だった。壮大さを逆手に取ればどんな具体策となるのか、浮かんでは消えた。

それでも、がむしゃらだが意識的に、思いついた方法を試していった。しかし濃厚で、膨大な数の登場人物が出て来る、荒唐無稽な一〇〇年の物語を二時間程度の作品に纏め上げられるのだろうか、と途方に暮れた。方向性を探りながら、そのときどきに起きる疑問を次の作品で解決しようと創作を続けたが、あるとき「舞台芸術作品に於ける物語とはなにか」という疑問に突き当たった。演劇表現、舞踊表現、歌劇による表現と、物語を画一的な表現形態で捕えず、台詞を含む声、舞踊を含むムーブメント、音、音楽、オブジェ、装置、映像、仮面、人形、影絵……等々を用いて、それらがすべて言語として相互に作用するような、包括的作品を意識できれば創作可能なのではないかと思った。私は天にも昇るような気分になり、すべて直感で行ってきたひとつひとつが繋がった感覚を抱いた。すでに作品創作をはじめて一五年が経過していた。

結局この創作は新しい舞台芸術言語獲得の旅となり、独自に変換した「百年の孤独」制作完了までに二四年を費やすことになる。可能性が現れては遠のき、ダメだと思ったら向こうからやって来て、再び遠ざかる。そんな蜃気楼のようだった。身体言語を探り、空間言語、時間言語を探るこの旅は、四半世紀の孤独を生きた旅となった。

作品タイトルを「Heart of Gold——百年の孤独」とし、二〇〇五年に全二時間で描いた。ここに至るまでの関門をひとつひとつクリアしていったのがパパ・タラフマラの歴史である。一九八二年から一九九七年制作の「島」までは、遮二無二、未経験の手法を試した。一五年が経過した頃から舞台版「百年の孤独」が徐々に現実性を帯びてきて、残る関門をはっきり意識しながら完成までの八年間、歩みを進めた。ただし断っておく必要があるのは、『百年の孤独』をそのままなぞった作品ではないということ。『百年の孤独』にインスパイアされてさまざまに大きく変換した「Heart of Gold——百年の孤独」という新しい作品になった。マジック・リアリズム小説をそのまま舞台化できるはずもなく、マジカルな変換作業は必須だった。

「Heart of Gold——百年の孤独」までの道程

「Heart of Gold——百年の孤独」完成までの道程をかいつまんで項目毎に挙げる。ただ、これらはトライした順番ではない。⑥の「人形」はパパ・タラフマラ第一回作品から出ている。その他すべての項目がそれぞれ強く連関しあいながら進んでいったが、ときに偶然の産物もあれば、自然に出てしまうアイデアもたくさんあった。

以下に列挙する項目はすべて、「空間について」、「時間について」、「身体について」の各章と被る部分が少なくない。けれどここでは、その点を認識しつつも「Heart of Gold——百年の孤独」創作に結びつけた具体的事象、事例として取り上げておきたい。

①ことばによる表現
②身体言語、舞踊言語の獲得
③舞台セット、オブジェによる表現
④音、声による表現

⑤多様な文化混淆による幻惑性
⑥人形を使う
⑦時間を扱う
⑧性表現の扱い
⑨コメディとしての表現
⑩映像表現との絡み
⑪衣装の扱い
⑫演出に関して

①ことばによる表現

一九八二年の設立時、舞台芸術でしか創造できない作品創作をミッションに掲げた。最初に疑問を感じたのはことばだった。舞踊家がことばを使わない理由は？　演劇のことばが文学扱いなのはどうして？　もちろんそうではない演劇もあったが、多くは文学として、戯曲文学として評価されるのを喜んでいた。つまり読まれるリズム言語と意味性に重きが置かれ、いかにそれを実体化させるかを問われたのが演劇であった。

ことばには、意味が付いてまわる。意味と感情を伝えるためにことばを選択し、声になって出て来る。感情は声の大きさを決め、腹から声が出ているか、喉で出しているか、リラックスしているか否か、そのスピードはどうか、トーンやリズムは？　と、身体の状態を声は示し、聞く側は声からどんな人間かを推測しつつことばの内容に耳を澄ます。人物を知った上で声を聞けば、すんなりと意味世界に入れるが、知らなければ、顔の印象とともに最初の関門は声のトーンやリズムである。人々は顔とことばに付いてまわる声の印象で人物の値踏みを行う。

「⑤多様な文化混淆による幻惑性」の項目で詳しく述べるが、作品によっては多言語で構成するケースがある。多民族からなる舞台芸術家を集めた場合、多言語使用は身体のリアリティーの探求からすればとても理に適う。たとえば私の作品にアメリカ人が出演するとして、その演者に知らない日本語で語らせても嘘っぽくしかならない。そこで彼らには母語を使ってもらい、意味は通じなくとも、感覚的な認識世界を観客との間に作り出そうと試みる。意味が知りたい観客のための字幕は用意するにせよ、身体言語として伝わるよう配慮するのだ。強い身体（声、ことばを含む）があれば、ことばは意味を超えた多くの情報を観る側に伝えられる。身体の強さを実感しつつ見られる観客は、字幕を見ずに舞台に集中できる。

声が小さく、発音が不明瞭では論外だが、流暢な標準語である必要はない。ことばの訛りから違和感を感じる人はいるだろうが、訛りは異化を生み出す装置と考え、それを活かす演出をした方がよい。ことばの地域性が一定でないことで場の未確定感が生まれ、その幻惑感により世界の流動性と核心にあるテーマや強靭さを浮かび上がらせられる。感覚と一体化したことばは真実味が強く、訛りの違和以上に見る側の感情を刺激する。

ことばを扱えば「意味」と「音」の間の溝に必ずぶつかる。ことばの意味要素は絶大だとしても、知らない外国語ならばただの音でしかない。ことばとリズムが中心のラップ音楽を聴けばたちどころに理解できよう。日本語のラップミュージックならばことばの意味に耳を澄まして聴き取ろうとするけれど、理解できない言語ならことばの音を声のリズム、艶やかさ等、感触として聞く。歌も同じだ。意味理解に繋がる言語なら一所懸命わかろうとするが、繋がらないと知るやことばは音になる。他の要素（リズム、メロディ、ハーモニー）が味わえるなら、音は簡単に受け入れられる。意味よりもメロディやリズムは身体に溶けやすい。それが音楽の特徴だ。

カンパニー創設後、真っ先に試みたのがことばに関しての考察であった。ことばをリズム、ハーモニーとして扱おうとした。ことばは一定の心情表現ではなく、いかようにも変化する。「私は飽きることはない」と一〇〇回言ってみるといい。繰り返せば必ず飽きる。心の表出として、一〇〇回繰り返せば途中で必ず変化が起きる。「舞台ではなんでもあり」……これが舞台の前提で、実践すればなにかが起きる。一〇〇回も繰り返せば、さまざまな方法を試みて飽きが来ない手法を考え出す。心がことばを生み出すというより、意味のないことばが意味を生み、ことばが心を生み出し、それはことば自体の意味とは相反する心さえも生み出してしまう。

表現者側の表現が強度を持ち、かつ観客側の感度が高ければ、観客は分析以上の「起きているなにか」を感じ取る一方、演者側は観客の反応を敏感に感じ取っては糧とし、表現は相乗的に深化する。表現者側に力がなければ独善的になるか、あるいは、低レベルでの共同幻想空間は作れるにせよ相乗効果は得られず豊かさは生み出せない。一方、観客側の感度が浅ければ、舞台芸術の詩性を感じ取るより先にことばの意味や技術に目が行きがちで、どんなに総合性を持った素晴らしい舞台作品でも理解の深度は浅い。

一九八〇年代の半ばまで、私はことばを主にリズム要素として使ったが、以降徐々にことばを外していった。そして一九八七年の「熱の風景」では一切ことばを消した。意味あることばを使わず、声の表現を多用。すると誰も「意味」については語らなくなった。

ことばを舞台上から消したのは、ことばの力に打ちのめされたからだとも言える。声の表現だけなら、意味は想像するしかないが、ことばを使用して意味としてのみ捉えられてしまうのは、発することばに意味を超える力がないからだ。声自体が力を持つならば、意味以上に押し寄せてくる声に聴く者は打ちのめされ、惹き込まれる。たとえば歌手、カサンドラ・ウィルソン。私には彼女の歌声が喉から出た瞬間に世界の見え方が変わり、世界が輝いて見えるほどだった。それほどの圧倒的な力を声は持つ。生来の力が大きいが、訓練はそれに何重にも輪をかける。力のある声は一瞬で場を変えられる。

そこで私は声からことばを外してみた。意味を超える力を獲得しなければと思ってのことだ。するとパフォーマーは声そのものに力を持たせることにのみ集中できるようになり、数年もすると実に魅力的な声を出すようになっていた。声を音楽として、あるいは空間の音として用いつつ身体強化に励み、一度ことばを外して一〇年後に再びことばを使い出した。動く身体、声を出す身体としての基礎がしっかり出来上がった、さらに言うなら音楽的身体の確立がなされたと判断できたからである。ことばの意味を超えて身体そのものが屹立し、語る身体が出来上がるまでことばの使用を封印して、のちに解禁、この頃から一気に海外での公演が増えていった。

ことばがある限り意味は付随する。だが身体力があれば、身体全体が強い言語としてことばの意味を超えた力を発揮する。しかし雑な身体ではことばは意味に収斂する。身体は多少雑でも、声が通り、意味が通じ、感情表現ができればよいのではない。弱い身体では境界線は越えられない。

当初、舞踊には敬意を払いつつもどこか恥ずかしく、精神的過ぎる舞踏はいまいちピンと来なかった。そこで身体をいろいろな方法で探った。

②身体言語、舞踊言語の獲得

私自身が行ってきた身体トレーニングは格闘技だったから、まずは格闘技から入った。格闘技では、距離、リズムが要となって勝敗が決まる。いかに相手のリズムを崩し、一瞬のリズムの乱れを誘い出し、自分の距離に持ち込めるか。逆に自身のリズムを乱されないようにするか。相手のリズムを崩すにはタイミングを外してかかるが、同等に視覚的フェイントが有効である。身体を鍛えるのは、主導リズムを保ち続けられる身体にするためだ。それには呼吸が大事。呼吸は身体の根幹にあるリズムである。呼吸リズムを自在に作り出せるかどうかが身体機能を最大限発揮するための重要な鍵となる。格闘技を学ぶというよりも闘う感触を掴み取れる身体とすることで、野性的リズム身体の獲得を試みた。

身体言語とは、ことば、声、身体の日常、非日常性を伴った動きのすべてであり、呼吸によって纏められた総合的なリズム言語のことだ。身体は、あらゆるものを包含したコズミックな統合体を目指せば得られる感覚は大きく広がるが、その根幹には呼吸とリズムがある。

リズムを生み出す器官としての身体言語を持ちたいと当初から考えていた。語りことば（舞台上の台詞）をリズム化し、身体リズムとことばのリズムを合致させようとした。ある程度は成功したが、ことばはどうしても「意味」を持ち、意味の面白さ以上に意味が邪魔にもなり、ことばをどうすべきか逡巡していた。

そこで視点を変え、メンバーとともに数年間に渡って舞踊ではないムーブメントの可能性を試してみた。まず格闘技の動きをトレーニングに取り入れながら、同時にシンプルな動作と日常的動きを増幅させていった。演者に自由に動いてもらうと動きやすい方向に動く。当然で、動きは身体の理に適っているからと言えなくはない。しかし癖が動きを作ってしまう場合が多いのも事実である。そこで、逆を行ってみようと考えた。彼らとともに身体に違和を感じるリズムを動きとして作り出してみた。その上で動きのリズムとは異なった音のリズムや空間全体が醸すリズムをミックスした。最初は誰もが違和を感じるリズムにいらいらし嫌な感触を持ったが、慣れるとそれを起点に自在に動きを引き出せるようになる。そしてさらに大幅な音の変化を付け、ゆっくり動くオブジェを置くと、不思議なタイミングのズレが方々で生じて場の全体が躍動していった。ポリフォニックなリズム空間を作り出そうとさまざまなアイデアを試しては壊し、再び別のアイデアを試す。それを繰り返した。

あるいは数学的に分析し、身体を使った幾何学模様を幾重にも描いてみた。身体を使って舞台上に線を描き、シンプルな線の動きを積み重ねて複雑な模様に変え、錯綜した線による物語を作ろうとした。瞬時のストップや動きに急激な緩急を付けて時間軸自体を変化させようと試みもした。これらの試みに一九八〇年代の後半いっぱいを費やした。

しかしさほど技術のない身体ではどうしても限界が来る。さまざまな試みによって身体は五年間で劇的に変化し、身体の可能性を多々発見したがまだ弱く、なにかが足りなかった。後々コンテンポラリーダンスというジャンルが生まれ、一部では素人的身体の可能性を謳うアーティストやオーガナイザー、批評家が出てきたが、この経験から、遅かれ早かれ壁にぶつかるのは明白だと状況を眺めていた。

別の方向からの開拓は必至だった。それまでも舞踊を専門にやって来たアーティストがメンバーに加わっていた。技術の面白さはあったけれど、新たな動きの開拓のなかで既存の舞踊パフォーマーが素晴らしいとは限らず、舞踊トレーニングが邪魔になるケースがしばしば生じた。型に嵌りがちで、心との連携が薄く気持ち悪く見えたのだ。「舞台に立つ」には意思の所在がなければならない。しかし昔の舞踊家（今もたいして違わないが……）はそんなトレーニングはほとんどしなかった。

けれど本格的に舞踊技術を取り込んで創作をしたいと思うようになっていた。技術は魅力があり、その活用は空間に動的な幻惑性を生み出せるはずだった。ただマシーンとして優れているような、柔軟性の欠如した舞踊家は好まなかった。そこで一九九〇年頃から舞踊家には俳優訓練と舞踊的ではない動きの訓練を課し、俳優には舞踊的身体獲得のための訓練を施した。両側面から身体改革を推し進めたが、身体はそう簡単には変わらないし変われない。頑固だった。それでも少しずつジャンル型身体の壁を崩して、新たな身体性を感じさせるようになる。

一九九四年に「青」という作品を制作。本作品は動きと声、舞踊に焦点を当てている。一年かけて制作。俳優型パフォーマーは実践的な舞踊的動きの分野に足を踏み入れていった。一方、舞踊家もまた他のさまざまな技術を身に付けて変化していった。

このような訓練と実践を七、八年も続けると状況は激変し、一九九〇年代後半になると元々俳優や舞踊家だったアーティストが全身体的なパフォーマーへと変わった。

私自身は舞踊家ではないが、いくつかの格闘技の経験から、動きについては想像がついた。身体をどう使えばその動きとなるか、また動きが果たす役割も認識できた。かつ動きは極論すればいかに呼吸とともに円運動、直線運動、停止、静止を施すかだから、その組み合わせを多様に生み出せばよいと考えた。そんなに単純でないのは重々承知しつつ、目標にたどり着くために推し進めた。身体運動はことばを超え、幻惑性を生むと信じたからである。

二〇〇〇年に近づいた頃、身体レベルでも「百年の孤独」に向かえる準備が整ったと感じた。身体の問題を突き詰め出してから一五年以上が経過していた。

③舞台セット、オブジェによる表現

『百年の孤独』の舞台は、ホセ・アルカディオ・ブエンディアがアマゾンの密林地帯に興した小さな村マコンドだ。この村に世界を旅するジプシーのメルキアデスが、磁石や望遠鏡、空飛ぶ絨毯、不眠症の薬等々を持ち込んで来るシーンからはじまり、一〇〇年後にメルキアデスによってブエンディア一族の勃興と消滅の歴史がすでに羊皮紙に書かれていたと判明した途端、マコンド村の一切が消滅してしまうところで終わる。定点にあって、多くの新しい不思議な物体が通過していくことで巻き起こる物語が『百年の孤独』と読めなくもない。そこで「モノ」や「場」といかに対峙し「モノ」や「場」をいかに自在に操れるか、その手法を編み出す必要があると二〇代の私は考えた。村は生き物のように蠢き変貌し、小説に登場する道具他のモノ群もまた魅惑に溢れていた。そもそも空間性やモノの幻惑があったからこそ「百年の孤独」創作を思い立ち、以降は完成に向けて舞台空間やオブジェとの対峙方法をずっと問い詰めて来たのだった。

資金規模の小さかった八〇年代の当初は小規模スペース、資金的余裕が少し出てきてからは大きなスペースや劇場を用いるようになった。創作の面白さは場の大小には関係ないが、村を想起させるにはある程度の広さはどうしても必要であった。

当初は、演者の力や彼らを取り巻く音、リズムにより、空間全体が時間の経過とともに変容して見えて来ることに思い至らず、特殊な空間を作った。一九八二年のパパ・タラフマラ第一回作品「壊れ

ものの《》ために」では、青山にあった細長く狭い地下空間を使っている。コンクリートの床一面に水を張り、壁にはびっしりと人間が入れるだけの本棚状の上下二段の棚を向かい合わせに作って観客を押し込めた。観客は閉鎖的な環境に思いきり放り込まれることになった。その環境下、観客とパフォーマー間の緊密度を保って小さな村を作り出そうとした。観客には苦痛が伴った作品だったが、最初から『百年の孤独』のマコンド村を想定しての原始共同体を意図していた。今思えば古くさく稚拙な手法だと恥ずかしさを覚える。

終わってすぐに特殊な場による体験型作品ではダメだと感じた。体験以上の感銘を与えるにはパフォーマーの強い身体が必要で、それがあってこそ空間は生きてくる。弱いパフォーマーでは自己満足型の体験強要にしかならず、空間と観客と演者の間に共振が生まれない。それでも、一九八二年の初作品から一九八四年、七作品目の「カラーズ・ダンス」までは舞台上に環境空間を作り上げ、観客入場時から公演終了後観客が退場するまで、出演者は舞台上にずっと出ずっぱりで舞台袖への出捌けのない作品を制作している。照明変化も一切行わなかった。観客を最初から最後まで演者との同一環境にいる一員として扱ったのは、観客を巻き込み、舞台との間にひとつの共同体を作り上げようと意図したためである。念頭にはむろんマコンド村があった。しかし閉じられた空間性は凝縮した力を作品に与えはしたが、「百年の孤独」制作には世界が広がっていく開放感もまた必要だった。変化が必要になっていた。

そこで一九八五年、ベクトルを思い切り外に向けようとした。空間の密閉要素を徹底的に外していった。流動性、開放感のある空間へ変えることでなにが変わるか見たかった。空間が主役であるかの如く緻密に空間のあり方を検証し、窮屈で緊密な空間から緩やかで自在な感覚を覚える空間へと変えてみた。すると私自身のパフォーマーへの要求方法も、私の心象も大きく変化したのである。

もとより空間自体に生命を持たせようとしてきた。それが主体となって輝くには多様な手法で踏み込む必要がある。一九八〇年代後半の五作品では台本を書かずに他の方法での創作を試みている。舞台スケッチや断片的ことばからの作品制作に向かってみた。イメージ掘り起こしの方法を、画やアート、建築、音、断片的詩からのインスピレーション等に広げたのである。台詞や舞踊技術は舞台空間を埋めるには便利で、積み上げれば空間の形は整いやすい。しかしそれを外せば空間が語り出す方法に向き合う必要が出てくる。演者もまた空間認識が強くなって場と対峙する手法を自ら探るようになった。ことばによる縛りを外すと、声は意味を消して音となり、空間には音がより満ちて流れるように感じられた。総じて空間に一層の微細さが生まれた。そのとき重要な役割を果たしたのが照明である。場を生き物のように蠢かそうとするには照明の役割は絶大で、場は有機的に息づき生命感が満ちるようになった。

上演のための劇場空間は次第に大きな空間へと変わっていった。マコンド村が小さな村から大きな町に変貌していくように、空間の広がりを空想のマコンドに投影させた。マコンド村ができた当初、ジプシーのメルキアデスが持ち込んだ新しいアイテムに夢中になったホセ・アルカディオ・ブエンディアが研究室に籠り、新たな命をモノに吹き込もうとしたのと同じく、私もモノに語らせ空間に生命を吹き込もうと腐心した。オブジェは単なる美術品ではなく生命を孕んだ別生命体をイメージして、動くオブジェを多用するようになった。

一九九一年に制作した作品「ストーン・エイジ」にはじまり、「ブッシュ・オブ・ゴースト」(一九九二年)、「青」(一九九四年)、「城——マクベス」(一九九五年)と続いた作品群は、常に空間が変化し続けるなかに生まれる時間のダイナミズムを焦点としている。ところが稽古は困難をきわめた。オブジェ、空間、パフォーマーが連動して動くとなると、大量のオブジェや機材を置いておく大きな稽古場が必要だった。しかしそれを可能とする稽古場はほとんどない。そのため毎日二トントラックで移動しては稽古可能な体育館まで運び、大量のモノの荷下ろしをして組み立てた。通常、稽古場は演者のための場であって、オブジェや美術空間の稽古場という認識はなく、時間も資金も大幅に掛かってしまう。これが大きなネックだった。モノに語らせ、空間に語らせたいと欲しても、なかなかそれを許容する稽古場がない現状があり苦難を抱え込んだ。この状況は「Heart of Gold――百年の孤独」を制作した二〇〇五年になると少しは変化していた。本作品は山口情報芸術センターで創作している。ここは滞在型で、稽古場と公演地が一体となる新しい方向性を持ったスペースとして二〇〇三年に船出していた。

私は舞台美術家と一緒に仕事をした経験がない。舞台美術家を毛嫌いしているのでは毛頭ない。ただ舞台の美術は舞台美術家が行うとの括りを外すことで自由が生まれる場合がある。その自在性を欲した。一九九七年に「島――No Wing Birds on the Island」でドイツ人メディアアーティストのインゴ・ギュンターと一緒に仕事をした。彼は舞台を壊し、蛍光管を舞台上で次々と割ろうと提案してきた。驚いた。舞台芸術は無限だと言いつつ、舞台の枠に縛られている自分がいたことに気付いた。結局、この作品ではツルハシで舞台中央を一直線に叩き割ると巨大な旗が地中から生まれてはためき、蛍光管は登場人物が足で踏みつけ、膝で割った。

既存の舞台限定性を取り払えば可能性が見えてくる。それぞれの分野のアーティストが私のアイデアを壊し、再構築のための別ベクトルを示す。すると新たな広がりが出てくる。場は心臓が脈打ち呼吸する生命体にもなる。私にとって、空間やオブジェは美術というより建築であり、そこに棲む生命体だが、その点に捕われて目立ち過ぎてはならない。結局際立たなければならないのは舞台に立つ人なのだ。

一九八〇年代後半の、空間と人が溶け合う「空間と人」との柔らかな蜜月関係の時代を経て、九〇年代は「空間の有機性」と「人の力」が対峙し、その関係を突き詰める時代となった。そして二〇〇〇年代に入ると、空間の実験はひとまず終わりを告げ、具体的に「百年の孤独」に向かうための方法を探った。

マコンドという場のように、あるいはブエンディア一族が羊皮紙にすでに書かれた物語として勃興、繁栄、衰微、消滅したように、今思えば私もなにか大いなる力が働いてこの物語に取り憑かれ、場を変貌させていったように思う。結果、ロケットが打ち上がってホセ・アルカディオ・ブエンディアが宇宙空間を漂うシーンではじまり、さまざまな装置を駆使しながら一〇〇年が経過すると、最後は巨大な白蟻が蠢きながら登場し、真っ白な雪が降って来て場から色を消してしまうシーンで終幕を迎えた。

④音、声による表現

音は心臓のようである。心臓は身体の起点であり、音は物語の起点となる。物語性のない音は時間を作り出せない。フリージャズでさえ構築力を保持した音は優れた物語を生み出す。

「百年の孤独」を時間芸術としての舞台作品と成すには音は鍵になると最初期から考えていた。感性のドラマを紡ぎ出せるのが音であり、一〇〇年を扱って二時間程度の時間に纏めるには時間の縮尺を自在に操る必要がある。感覚と直結した音は瞬く間に場を飛ばし、あるいはその場に留まってゆったりと時間を紡ぎながら、感情を突出させる。

私は子どもの頃から音が好きだった。音に耳を傾けて飽きることがない。一瞬一瞬の時間の積み重なりが音に現れ、その微細さは詩性を表出する、音は生命的時間だと思っていた。

通常、私は既存の音楽は使わない。長く作曲家と一緒に仕事をしてきた。けれど音楽の作曲とは限らず、音楽含めての「音作り」を依頼。時間を作り出す意識が作曲家には不可欠で、音のすべてを扱えなければと考えていた。素敵な音楽家は音の魔術師である。音が鳴れば時間が動き、音の粒子らしきものが空中を飛び跳ねる。

ましてや声は感性を表出し、感情を放つ。声も息も人の身体から生み出され、漏れ出た音は生命の息吹である。それを絶妙にコントロールしながら発せられる声は聴く者の心に突き刺さり生理と同化する。ときには一瞬にして場を激情のただなかに引きずり込んでしまう。歌が強いドラマ性を放つのは、素晴らしい歌手が歌ってこそとの条件は付くけれど、短時間の歌に感情をまるまる注ぎ込めるからだ。同じように短いことばで一気に時間を作り出してしまうのがラップ音楽である。

声を使うようになったのは偶然が作用した。「Heart of Gold――百年の孤独」を創作するより一七、八年も前のことだ。カンパニーには素晴らしい資質の声を持つパフォーマーが数名いた。彼ら自身、はじめから声に優れているとは思ってはいなかったと思う。そこで私たちは声を発見するところから始めた。自らが発する声を見つけ出し、声がどれほどの可能性を持つか試す。同時に音楽家に参加してもらい、可能性を探っては声の表現を膨らましていった。

「時間について」の章で書いた通り、一九九七年に制作した「島――Island」は、ガルシア＝マルケスの「大きな翼のある、ひどく年取った男」と私自身が書いた物語を混ぜ合わせた、出演者がふたりだけの作品で、声と身体の可能性にのみフォーカスし、さまざまな声を掘り起こした。二人で掛け合う声や叫びや呟くような声、かすかに漏れ出る声等々を細かく探った。短い断片的台詞もあった。この作品を経ることで、声と身体のレベルが私の考えて来た「百年の孤独」創作に向かう基準に達したと確信した。

『百年の孤独』は音の物語でもあったから、音の開拓は必至だった。錬金術を行う音、小鳥の鳴き声、工場音、嵐の音、風の音、四年一一カ月と二日に渡って降り続く雨の音、人々を撃つ射撃音、人々の歌声、声、世界各国からやって来る音楽……私がこの物語に見て取ったのは絢爛豪華とも言えるほどの豊穣な音だった。音がすべてのページで鳴っていた。音の描写がないところでも私には音が聞こえた。よく『百年の孤独』は映像的と言われるが、私には音の物語だった。感覚的に入り込んで来る音がその根幹をなしているように思えた。

「Heart of Gold——百年の孤独」では多様な音を使った。私自身で録音した音もあれば、日本人とアメリカ人作曲家が音と音楽を探り、ブラジルから演者やビデオアーティストを迎えて南米の音を含む、多くの世界の音を取り入れた。かつ、日本人ラッパーに出演を依頼、劇中での怒濤の如き時間の流れをラップで表現する等、ラップ音楽を数シーンで用いた。たとえば四年一一カ月に渡る雨、洪水と続く日々をラップとブラジル人による南米の映像、そして日本、ブラジル、中国人からなる舞踊により二分間で描いた。音、人、映像、オブジェ……これらが一体化することで時間の凝縮をもたらした。

⑤多様な文化混淆による幻惑性

ガルシア＝マルケスの出身国コロンビアに足を踏み入れた経験はないが、同じラテンアメリカの隣国、大アマゾンを抱えたブラジルには何度も訪れてきた。彼の国にいると、大自然では、人知を超えた事象、現象が次々と起きてきてなんら不思議はないと知る。そしてダイナミックな文化混淆と混血は、否応なく人が生きる状態や感性、社会様式を変化させ、安穏を片隅に追いやってしまう。長い時間的タームで見てみれば、どんな場でも劇的な変貌を遂げるが、ブラジルのようにポルトガル人が西暦一五〇〇年にやって来るまでの九五〇〇年間に渡って新しい民族が入り込まなかった土地では、ひとたび入り込んだ後、開拓がはじまるとその変化はダイナミックになる。この国はここ五〇〇年間で急速に変化しクレオール化した社会なのだ。アメリカよりもはるかに溶け合っている。

日本にいると「クレオール化」のダイナミズムは感じにくい。明治の開国以来、海外からの輸入が一気に進み、第二次世界大戦後、特に朝鮮戦争以降さらに劇的な変化がもたらされたにも関わらず、人種の混血や双方の文化の対等な関係作りはさほど生じなかった。日本は範としたい国があれば、その文化、制度を瞬く間に吸い取って自国化する。異文化をするすると海綿体が水を吸い込むが如く自国化しながら、さらなる異文化圏への憧憬を生む。一見、無節操に感じられなくもないが、ここには頑とした強い根が張っている。一般に日本人の美意識は「あはれ」にあるとされ哀感が根っこにあるが、その一方では異文化の集積地として自然に日本化が進んだ。「あはれ」は見るもの聞くもののすべてに対し情け深く感じ取ることだから、するすると受け入れてしまうのだろう。「自分」ということばは中国語にはないそうだ。つまり「みずから」、「わかる」、あるいは「わける」のが日本で、「私」と同時に「他」を認識し、私のなかの他をも意識する。ぶつかり合いながら溶融する文化に対して、日本はぶつかる前に他を認識しながら自身のなかの「他」に溶け込ませ、「日本化」してしまう。だから自国化を瞬く間に成し遂げられる島国では、『百年の孤独』のように、短期間のうちに新たな文化同士がダイナミックに混じり合って新たな方向性を作り、人種の融合が行われ、その果てに展開される荒唐無稽な物語は馴染みにくいと言えなくもない。長い時間タームで見るなら日本も同じなのだが、見えにくく、どこへ行っても同化の圧力が強いため同質性が頭をもたげて「これが日本なのだ」と言い張る。

そこで意識的に異文化圏アーティストを入れ込み、日本にいながらも猥雑で混沌としたダイナミズム空間を成り立たせようとした。

異文化は基本、受け入れる側の不理解を前提としている。もし異文化を受け入れる必要があるなら、理解に至る手段をいかに講じるかが強く問われるとともに、異文化のぶつかり合いから生まれる新しい意識、感覚を参加者全員が共有しておく必要性が本作品制作にはあった。小説『百年の孤独』の強い劇性は、メルキアデスが持ち込む新しいオブジェによって巻き起こる騒動からはじまって、次々と起きる異人種、異文化との出会いがもたらしたものでもあるからだ。

私は一九九六年に香港のカンパニー「ズニ」とともに「草迷宮」を制作している。この年はカンパニーとしての基盤がしっかり固まったと感じた年次で、以降は意識的に海外のアーティストを諸作品に入れるようにし、海外のオーガニゼーションとの共同制作も多くなった。実際、彼らは作品にバリエーションをもたらし、同時に彼らの思考や行動は私自身による私への懐疑と発見を促した。すなわち私の思考に新たな可能性を作り出してくれたのである。

異文化圏アーティストとともに創作へ向かえば、「私の方法」が通じない場合がときどき出てくる。「通じない」で止まるわけにはいかないから手段を駆使するが、もっとも大切なのは相手への理解で、強引にこちら側に引き寄せようとしては反発を招くだけ。押したり引いたりしながら合致点を見出す。妥協ではない。もともと互いにリスペクトし合える関係でなければ作品制作へは向かえないから、それを大前提に相互に利用し合い、最大の効果を上げるべくやり取りを行う。尊重が前提にあれば溶融点は必ず見つけられる。

生活習慣、規則の違いが国によって異なるのは当たり前だ。国にもよるがイスラム圏では一日五回のお祈りがあり、その度に稽古は中断させられる。南インドでの制作中には昼頃、必ず停電が起きた。稽古中に巨大白蛇が天井からぶら下がり、落ちて来そうな状況だったため、稽古を中断したこともある。アメリカのユニオンようにカッチリと時間厳守、一秒たりとも仕事を延長しないケースもあれば、ドイツでは作品が気に入られて、大きな劇場にも関わらず徹夜も厭わず舞台スタッフが仕事をしてくれた。ただし生活習慣は違って当然、「郷に入っては郷に従え」で実施するしかない。日本側に相手が入って来たときには、日本側の基準だけを据えないのが鉄則。

互いが歩み寄りつつ心を開く準備をする。心が開けば、互いに場を高めようとする意識が出てくる。そして少しでもうまくいけばそれが互いのリスペクトに繋がり、能動性が出て来る。このプロセスは文化混淆による幻惑的不思議世界だが、思えば日本人同士でもやっていることは同じである。

ガルシア＝マルケスの『百年の孤独』の世界は、コロンビアはもとよりラテンアメリカのアマゾン地帯の大自然を背景に起きている不思議な世界で、あの世や見たことのない多様な生物、恐ろしい動物世界との混淆を土台として生まれ、それは彼らの日常に繋がっているという。でなければ、あの混沌とした小説がラテンアメリカ圏で大ベストセラーになるとは考えにくい。日本はこんな世界とは相反しているように思えなくもないが、昔の日本にはそこかしこに異界が広がっていたのである。忘れたり隠されたりしているだけで、記憶の彼方を探れば「私のなかの異界」は発見できる。

異文化混淆の環境に慣れてしまえば、それはあって当たり前になる。すると異世界に対してばかりか、自己の感じ方が変わる。自身の内面でも舞台創作現場でも多様な要素が混じり合い、化学変化を起こしながら新たな環境世界が屹立して来るのを知る。このダイナミックな変化は強い快感をもたらす。混沌を媒介とした調和世界だ。人間は、混沌にあってさえ調和を計ろうとする意志を持つ。混沌と調和のダイナミズムがなければ『百年の孤独』の舞台化は不可能であった。音、人種（黄色系、白色系、黒色系）、美術、映像……すべてに渡って複数の文化圏のアーティストが参加し、多様な文化の混ざり合いがあり、渾然一体となって形を成したのである。

台詞は少し。舞台上では全員、母語を使った。日本語、ポルトガル語、広東語、ときどき英語が混じった。意味よりも身体全体の力を優先させている。

混沌から調和を見出す方法はアイデンティティの不在化に繋がらないのか？　もっともに聞こえるが人間の存立基盤はそう易々と壊れない。人には崩せない核がある。もし簡単に壊れてしまうなら、そもそもアーティストは続けられない。

⑥人形を使う

子どもの頃、天井板の模様が人間の形や不気味な妖怪に見え、モノの形をヒトガタに感じ、影の動きに怯えた。想像力はヒトガタや影の見え方を増幅させるが、特に幼少時は妄想が膨らみやすい。異界に近い存在だから、この世の決めつけに染まらず想像は肥大化する。

人形もヒトガタ、人間を模して作られ、はじめから命を孕む。そこでかわいいとか恐いとか、見る方は感情をかき立てられやすい。

人形や仮面は家の中心にいる、という気がしていた子ども時代。表の顔として神棚と仏壇が家の中心にあって、その下に家長が鎮座、裏の顔としては仮面と人形が中心を担っていると感じていた。安物ではあっても人形は人間であって動かず、いつも同じ場所にいて凝視し、人を見通す力を備える、時空間を超越した存在として子どもの私の目に映った。近寄り難い存在で畏れた。人形や仮面は好きというよりも、動かし難い魅力を備えて目が離せず、凝視してしまい、見たくないのに見てしまっておののく存在である。人形も赤ん坊も形を成したばかりの異界の住人か、死の世界からやってきた化け物で、生の世界の住人たちをねめ回しているかの如くに感じられた。メキシコに惹かれたのも彼の国の骸骨や人形が笑いながら社会を斜めに見て、おかしみに彩られているからだった。

人形を数多く使ってきた。第一回目の「壊れもののために」、第二作目の「闇のオペラ」……思い返せば、三分の一近くの作品で人形は登場している。人形ばかりではない。仮面もそうなら、パフォーマーに人形振りの動きを付けたのは、カンパニーの初作品からだ。そして現在に至るまでヒトガタ、仮面、人形振りは作品の大切な要素で、人間のようで人間ではない不思議な存在として、人間の奇怪さや激烈さ、恐ろしさ等を代弁させてきた。

人形、影、仮面は異界と通底し、こちら側にはない魅力を放って止まない。あちら側があの世なのか、宇宙なのか、別次元の世界なのかはわからないが、この世にありながら異世界に足を突っ込んでいる存在として、場に風穴を空けるメディアがヒトガタなのだ。

「Heart of Gold――百年の孤独」ではたくさんの人形を出し、影による演出も多く行った。人形なら人間にできないことができるし、人間以上に悲しみや滑稽味を出せる場合もある。たとえばふたりの兄弟の肉体を弄ぶ女を人形で演出した。人間の半分の大きさの女の人形が左半分の乳房を丸出しにして二人の兄弟と同時に性行為に及べば、生々しさはもとより小さな存在に弄ばされる兄弟の悲しみも滑稽さを交えながら出てくる。女の人形が去っていくのを見送る二人の男たちの情けなさも容易に示せる。

本作品では昇天する女が出てくるが、そのシーンでは空中に舞い上がるときに人形に入れ替わり、異様なほど速いスピードで空を舞い消滅した。年を取った兄弟姉妹がひとりずつ手にしていたのは若かりし頃の自らの人形である。その人形と自身との対比には時間の残酷さが表れていた。愛の不在によって一〇〇年が経過したブエンディア一族に、はじめての愛が芽生えた終盤では、愛し合うふたりが発光ダイオードでできた光る二体の人形オブジェと踊った。人形は宙を舞って軽やかであり、光は愛の輝きの象徴となった。

また、高さ二・五メートルの巨大な、動く白い蟻を最終盤に登場させている。ガルシア＝マルケスの台詞に「この一族の最初の者は樹につながれ、最後の者は蟻の貪るところとなる」とあって、強く象徴的で印象に残るシーンを作り出そうとした。巨大蟻がブエンディア一族の隠喩として締めくくりの役割を果たし、神的でも超自然的でもあった。


この作品以降に制作したパパ・タラフマラでの作品は神話世界の渉猟だったから、仮面、人形はその後二〇一二年の解散までに制作した一〇作品中六作品に登場している。未だにそれらを前にすると瞬間戸惑いを覚えるのは、静けさを保ちつつも威圧的な視線を浴びせかけられ、人の根源性に触れる思いがするからだ。人間にはできない表現が人形にはたやすい。浄瑠璃人形のように一瞬で極端に顔が変化すれば、瞬時に心の奥を覗き見た思いがする。凝縮した生と死の幻影としての人形は自身を鏡のように炙り出す。

現代人が、縄文の土器や人形に魅せられるのも根源的な力を認識させられるからだ。非人間にあって人間をデフォルメ化し、人間とはなにかを問う力を感じさせるのが縄文の土器、人形で、人間よりも人間臭い。人形は、超越的人間となって大地を踏みしめ、身じろぎすることなく、私たちを相対化する。そこに畏怖の感情が生じてくる。

⑦時間を扱う

小説『百年の孤独』は時間の残酷さを描いている。身体、声、映像、装置、人形等を使って一〇

○年の時間を描き出そうとする準備のために、かつ節目に当たっての時代検証の必要性を感じた二〇〇一年、私は「WD」を制作した。「WD」とは「What have we Done?（私たちはなにをして来たのか）」の略称。二〇世紀全体を省み、二一世紀を展望するための三時間半の作品である。「WD」では四つの章に分けて日本・アメリカで制作、各章のプレミア公演を日本、オーストラリア、アメリカで行い、最後に日本で全編を上演した。五カ国のアーティスト、音楽家としては六人の作曲家が参加。時間感覚の異なる音を縦横に入り組ませて複合的な時間を創出した。

「Heart of Gold——百年の孤独」では時間を描くのに音、音楽、装置、映像、照明、身体等さまざまなメディアを駆使している。それらを絡め合わせて時間の劇的推移を感じさせる手法を取った。たとえば装置。男が大きな時計を袋から取り出す。と、目覚まし時計状の大時計からマトリューシュカ人形のように、より小さな同形の時計が次々に出て来る。ずらり並べると時計の針はバラバラの時間を示し、その針の動くスピードは異なって支離滅裂である。冒頭では、ホセ・アルカディオ・ブエンディアの乗ったロケットが打ち上がると宇宙空間を漂う彼が映像によって空間いっぱいに映し出され、とすぐに紗幕（後ろが透けて見える幕）が上がってアマゾン奥地の最初の開墾地へとやって来た人々、ブエンディア一行に繋がる。このシーンでは、作品のはじまりに当たって、一〇〇年以上の、悠久とも言える時間を、宇宙旅行と未開地の開墾を対比させることで暗示しようとしている。ラップ音楽と次々に移り変わる映像で数年に渡る時間を二分間ですっ飛ばしたかと思えば、明るく遊びまわる子どもたちの背後に、未来暗示の如く瞬く間に老け、最後には線画になって消えてしまう彼ら自身の顔の映像を映し出した。ホセ・アルカディオ・ブエンディアの子どもが生まれたときには、時計の映像を背景に流したが、その時計針は逆方向に動き、時間の感覚、概念がすでに一族のなかで壊れ出していることを示している。

「ＷＤ」制作によって一〇〇年強の時間を描き出し、「時間」に向かうための大きなステップをクリアした。すると「Heart of Gold――百年の孤独」制作開始までに取り組むべき課題は残り二つとなった。コメディ要素と性表現である。ちょうど二〇年が経過していた。

⑧性表現の扱い

『百年の孤独』を描くには、どうしても性表現に向かわざるを得ない。性の猛者たちによって愛のない性行為が次々と行われ子孫が残される、性によって連綿と繋がる物語が『百年の孤独』だからである。動物である限り性は切っても切り離せないと知ってはいても、若い時は気恥ずかしさが勝って性を相対化できず、意識して取りかかるまでに二〇年を要した。

性を扱うのは実に厄介だ。日本国内はともかく、海外に出れば男性舞踊家は高い確率で同性愛者である。『百年の孤独』には同性愛者は出てこないが、舞台芸術活動を続ける限り性の問題や表現は常に背中合わせにある。また人間を描けば、ときに性に激しくぶつかる。

舞台上の演者にことばで性を語らせたくはないし、行為で示すのは美しくない。そこで直接的な表現ではなく、「性の空気」を匂わせる作品創作を考えた。全体にエロティシズムはなくてはならぬが、より瞬間的で即物的な印象を持たせるべく性的象徴を全体に散りばめ、常に性と隣り合わせだと観客に意識させられればと思った。抽象と具象が渾然一体となりつつも、印象に残る性的なるものを強く感じさせるようにした。

ホセ・アルカディオ・ブエンディアの子どもたちの遊びの一部に女の子たちの股間から腕がにゅっと突き出る遊びなど性的動作を象徴的に入れて、子ども時代から自然に性に捕われてしまうよう仕組んだ。あるいは、生身の女の尻を追いかける動く馬の影を壁に映し出した。その影を操るのは怪しい心根を持った男で、鬱屈した心情を表し、一方の女は猛り狂った馬の影によって犯された。他にもそこかしこで性的象徴を躍らせた。拳銃の映像が男根の象徴であったり、動くピストルオブジェが作動すると性行為中の男根の動きに見えたり、女性人形が男兄弟ふたりを手玉に取って、性行為に至らしめたり……不在化した愛の象徴として、不毛な性的象徴をそこかしこに散りばめた。それによって、いかに『百年の孤独』が性による百年であり、虚構の堆積であり、性の激しさと虚しさの共存であるかを示した。影やモノや人形、その他の抽象的オブジェを用いることで愛の不在感を増幅させたのである。

性的表現は、「Heart of Gold――百年の孤独」公演後の一連の童話シリーズになるとさらに強くなった。童話シリーズでは三作品「シンデレラ」（二〇〇六年）、「新シンデレラ」（二〇〇八年）、「白雪姫」（二〇一〇年）と制作したが、童話は強い原初性を孕んで密接に性に絡む。性にがんじがらめにされ、性によって孤独に陥っていく人間の情けなさと悲しい性を浮き彫りにしようとした。世界中の神話を紐解けば性に絡む話ばかりである。「Heart of Gold――百年の孤独」創作後、さらに神話化を目指しただけに、根源性を晒す「性」と密接な関係を持ったのは必然だった。

⑨コメディとしての表現

『百年の孤独』の登場人物には普通の人間が出て来ない。一癖も二癖もあって、孤独に苛まれながら死んでいく人ばかりである。そのネジが狂った姿のグロテスクさと滑稽さを笑い飛ばし相対化する装置としてコメディ要素は欠かせなかった。灼熱の太陽の下で焼かれ、現実と非現実の境目が定かではない場所では、グロテスクも奇怪さも生真面目さも滑稽もセンチメンタリズムも苦悩も狂気も苦笑いのなかで平等、均等な感覚で存在させられると考えた。

昔から私は欠落感を持った人物像に惹かれた。私の作品の多くの登場人物は生活不適応者か、欠損感を持った人物である。人の持つおかしみや、実在感と不在感がはっきりと現れるから欠落者に惹かれた。それが『百年の孤独』を作品化したいと考えたひとつの要因だった。

だが、「WD」制作以前には、コメディ作品を作ろうと考えたことはない。避けてもきた。シニカルなおかしみは嫌いではなかったが、大声で笑うような作品は好まなかった。バスター・キートンのズレ込みのおかしさは好きだったし、それはブニュエル映画にも通じていたから心酔もした。しかし「WD」制作以前はストイックで雑味を嫌い、美しさと苦悩と奇妙さによって作品を磨こうと意識していた。けれど「WD」の創作によって『百年の孤独』が見えてくると、ブラックな笑いをどう取り入れるかが強く問われるようになった。

「WD」制作後に、欠落人間によるシニカルなコメディ作品を四本制作している。ポーランドのブルーノ・シュルツやヴィトルド・ゴンブロヴィッチの小説を元にした二作品はどちらも真面目になればなるほど、けったいな方向に向かってしまう人物を描いている。人間を詳細に眺めれば、ひとり残らず奇妙な行動をしていると知る。それを全面に出して人間存在そのものを描こうと試みた。

コメディ要素が入ると、ひとりひとりが悲しくも憎めない人物像へと変化し、物語には全体に柔らかな空気感が漂うようになった。「Heart of Gold――百年の孤独」では至るところにその要素を散りばめた。

⑩映像表現との絡み

最初に舞台で映像を使ったのは、一九八八年の「海の動物園」である。この作品は「自然と人間との共生」をテーマに描いた作品で、シンプルな線画のアニメーションを背景に映し出した。以降、折に触れて映像を使って来た。パパ・タラフマラはマルチメディア・カンパニーだと言う人もいたが、舞台作品はそもそもマルチメディア型の性質を持つ。時空間の変容を促す手段として映像が出てくるのはメディアミックスを意図しなくても自然な流れだ。

舞台創作をはじめてみると、舞台と映像の特性はまったく異なると気付かされた。「映画のような舞台」とはときどき言われ、私は「風景が見える舞台」程度の意味だと受け取っていた。しかし実際には映画的な舞台など作りようがない。舞台のような映画ならあり得る。場が変化せず固定のままであれば、そう見えなくもない。だが映画的舞台はあり得ない。

舞台芸術は騙しの芸術、騙し方如何で可能性が膨らむ。映像、身体、オブジェ、美術、音、照明……それらが二重、三重に重なり合って錯覚をもたらす。時間、空間、身体のリアルな感覚を伴っての幻惑である。映像も騙しテクニックの要素のひとつだがテクニックに酔ってはならない。新しくおもしろい技術を慌てて使えば浅薄さばかりが露わになるから、技術を丸ごと取り込める自信が付き、自家薬籠中のものになるまでは封印する方がよい。新技術に振り回されないためで、遊べる自信があってこそメディアは活きる。

「Heart of Gold――百年の孤独」では映像を多用した。演者としてはブラジル人、中国人、日本人が各々母語を用いて舞台上に立ち、ゆえにこのときは映写して字幕としても使った。他にも多様な使用法で映像を活かしている。

映像の効果は三点に絞られる。厳密には次に挙げるb、cともにaの「幻惑装置としての映像」に組み込まれる。「幻惑装置」の意味は、「場に幻惑感覚をもたらすための装置」程度の意味だと最初に断っておきたい。

a、幻惑装置としての映像
b、風景としての映像
c、時間の縮尺を変えるための装置

a、幻惑装置としての映像

幻惑装置としての映像使用は、ぴたりと嵌ると大きな効果を上げる。ライブでのパフォーマーの動きと、すでに映像に撮られている動きを対比させたり、実際の動きをほんの少し映像では遅らせたり、実像を追い越して先回りしたり。人の上に映像を映し出して演者は動かず、映像だけが動けば不思議なイメージを簡単に作り出せる。人間の身体に動物が入り込んでは出て行ったり。突然、場が水空間や空に変わったり、舞台上の人物が続々と増え、壁面いっぱいになって雨のように天から降ってきたり。装置の中に人が入り込むと、装置は映像で、瞬く間に消えて白い画面しか残らなかったり。旗に映像が映し出され、その映像が次々と変化。はためく旗に映し出された映像により旗の意味が変化し続けたり。

色面としての映像もおもしろい効果を上げる。色面を突如壁に照射するだけで、場の強烈な変化が出てくる。

「春昼《はるひる》」（一九九九年）ではスライドを使った。この作品は泉鏡花の「春昼《しゆんちゆう》」、「春昼午刻《しゆんちゆうごごく》」の二作品を合わせて新たなイメージを付与して制作した幽霊譚である。スライドを使うと、ビデオよりも鮮明で、動かない写真が怖さを感じさせた。手や脚、飛び跳ねる鯉、女の顔、矢印……等々、動かない定着した画像が、ゆっくりと舞台壁面に浮かび上がってはじんわり消える、それを繰り返すと奇妙で不安定な感触が徐々に心のなかを占領していく。そこにあると思っていた扉が実は映像で朧げに消えていくかと思えば、スライドの二重映しにより別の形に変化したり、小さくなってしまったり。

「Heart of Gold——百年の孤独」の冒頭はロケットに乗り込むホセ・アルカディオ・ブエンディアの姿からはじまり、舞台下手側に実際にロケットの模型が設置され、それが打ち上がって舞台上空へと吸い込まれる刹那、舞台上に全面に張られた紗幕に宇宙を進むロケットが大写しで映し出される。そして村の創始者ホセ・アルカディオが宇宙空間に飛び出し、漂う映像が流れる。映像によって時空間の感覚が歪むと、映像は消え紗幕が上がり、最初期のマコンド村探索の模様が現れる。映像と舞台の組み合わせによっては、空間の広がりが瞬く間に作り出せる。

b、風景としての映像

舞台に映像が組み込まれて映像と実像が緊密な関係性を保ちながら進行するのではなく、単に舞台に背景と化し得る映像を流すことで別空間に入り込む感覚を作り出せる。これも一種の幻惑装置としての映像使用だが、よりシンプルに映写すれば風景になる。

「ストリート・オブ・クロコダイル1」(二〇〇三年)や「ストリート・オブ・クロコダイル2」(二〇〇四年)では風景としての映像を多用し、映像は迷宮構造を持った街を表すと同時に幻惑装置と化した。風景であり幻惑装置という二つの要素が重なって迷路を彷徨う人々の姿が浮き彫りになった。「Ship in a View」(一九九七年)では、ロボット状の人形が出てくる。ロボットの顔は映像で、その心の情景を映像として描き出した。
「Heart of Gold——百年の孤独」ではこの使い方はしていない。

c、時間の縮尺を変えるための装置

映像の最大の特徴はモンタージュであり、時間操作がいかようにもなることだ。

韓国のメディアアーティスト、キム・ヨンジンに次のような作品がある。真っ白なほの暗い四角い部屋、その真ん中にブランコが吊るされ、ブランコは動力によって動き続ける。ブランコの座面の真下に四つのプロジェクターを取り付け、ブランコの前後左右、四方の壁面にそれぞれ「ブランコに乗る」老若男女の等身大の姿を映し出す。それら人々はゆっくりと若くなったり年を取ったり、男になったり女になったりをブランコの揺れに合わせ、大きくなったり小さくなったりしつつ変化し続ける。空間には彼らの声が方々から小さく流れ続けるという作品だ。その空間に立つと黄泉の国の入り口に立った気分になる。年齢や時間感覚がわからなくなり、場所性も曖昧になって私が誰かさえわからなくなるような感覚に絡め取られる。

これに近い装置をヨンジンと共に舞台に用いた。シェークスピアの「ハムレット」が原作の作品「Birds on Board」（二〇〇二年）である。映像とブランコの揺れが、奇妙な場所への導入口の役割を果たした。また数多くのプロジェクターを使用し、さまざまな場所に人間や動物が現れるかと思えば、舞台装置の一部が分かれると内側から白い壁が現れ、同時に動く水滴が映写されてリゾーム状に動き続ける水滴空間を作った。幽霊譚「Birds on Board」は映像によってゆらゆらぐらぐらとして、存在の確たる基盤を失ってしまう感覚があった。

「Heart of Gold――百年の孤独」では、時間の急激な変化を作り出すために、いくつかの映像を使用している。ホセ・アルカディオ・ブエンディアの子どもたちが遊んでいる場の後方で、子どもたちのひとりひとりと対比させた映像の顔はどんどん老いて線画に変化し、ついには消滅してしまう。あるいはラップ音楽が歌われるなか、雨が四年一一カ月間に渡って止むことなく降り続き洪水が起き、人間も家も木々もリンゴも家財道具も町のすべてが流されて無惨な状態を晒してしまうさまを描いた映像を紗幕に照射した。紗幕はその後方に光を当てれば透けて見える機能を持つ幕だ。そこで、その前で踊る現在の人々、映写される雨と洪水、幕の奥ではその後一〇年間に渡る干魃世界、と三種類の世界、三重の時間を示した。

＊
＊
＊

映像は用い方によっては大きな効果を上げる。しかし映像を多用した結果、舞台が負けてしまう場合が少なくない。人の脳は大きい方、速い方、刺激的な方に惹かれるから、舞台上の等身大の人間は刺激が足りないと脳が判断してしまいがちである。力のある演者でも派手な映像と並列させれば地味に映ってしまう。映像はなんでも可能にするだけに、下手をすれば実際のパフォーマンスが弱々しく見えてしまう。脳内のズームレンズが壊れてしまい、演じ手に意識が向かなくなるのである。

映写には、ライブの、そのときの状態を映し出す方法と、すでに撮影し編集済みの映像を映す方法の二種があり、どちらも使い方によってはおもしろく、かつ陳腐になる。映像の効果を知り尽くし、自家薬籠中のものとしつつバランスを図らなければせっかくのアイデアが浮き上がって嘘くさくなる。

映像は慎重に空間に置くに限る。

⑪衣装の扱い

衣服はもっとも身体に近く、身体に絡む。第二の皮膚が衣装だと言ってかまうまい。それだけに衣装の扱い如何で、身体、舞台全体の見え方は変わってしまう。むろんデザイナーによる素材や色味を含めてのデザインがその印象を大きく変容させる第一の要因だが、着用する演者の扱いがとても大事なのは言うまでもない。長く一緒に舞台制作に携わってきたある演者は、衣装デザインが出ると、そのデザインに近い稽古着を自ら仕立て、着用して稽古に臨む。つまり衣服は使い、着こなせてこそ価値が上がると認識しているからで、この時点ではまだ本物は使えず、よって想像しながら仮の衣服を試し、その大まかな動きを感得しようとする。そして本物が出来上がったあとは、質感や形、色味等々と語り合い、遊びながら、時間をかけてそれを第二の皮膚としての価値あるポジションにまで高めていくのである。

舞踊では往々にして身体にフィットした衣装が好まれる傾向があるが、逆にルーズな、マントのような衣装であっても、パフォーマーは衣装を自在に操り、自身の動きと衣装の動きを混ぜ合わせながら空間リズム、時間リズムとして作り出す必要がある。

衣装のデザイナーにはさまざまなタイプがいるが、大きく分けると、時代や場所を考えながらできるだけそれに沿わせつつ独自色を出そうとするタイプと、根幹は認識しながらも可能な限り現在形の新たな衣服を追求するタイプがいる。どちらが良いというのではなく、作品によってどんなタイプが良いかは自ずと明らかになる。が、どちらかと言えば私は後者のデザイナーが好みかも知れない。

私が一番多く作品作りに参加してもらっている衣装家が浜井弘治だ。彼は後者の典型で、ときに素材作りからはじめる。たとえば縦糸として釣り用のテグスを用い、横糸には一般的なポリエステルの糸を使用してほつれないようにしながらふわりと風を孕みつつ、テカリと固さが出る布を作って不思議な動きと光を衣装に出すようにしたり、特殊な染色によって布を仕上げていったり……と、さまざまな感触が衣装から得られるように仕込んでいく。

「Heart of Gold――百年の孤独」では衣装はあまりとんがった衣装ではなく、役柄や地位が見えやすい衣装とした。そうでなくても混沌としているのが『百年の孤独』だから、そこそこの認識しやすさを盛り込む必要があった。

⑫演出に関して

「Heart of Gold――百年の孤独」では出演者として日本人九人、ブラジル人三人、中国人一人、スタッフとして日本人二〇人、ブラジル人一人、アメリカ人一人が参加している。総計では三五人。日本国内のオーガニゼーションとしては山口情報芸術センター、つくばカピオ、世田谷パブリックシアターを結んでの公演であった。創作は東京と山口にて。これらは制作部が纏め上げる一方、演出側として私は、台本書きの前、完全な下準備としてブラジルや中国でのオーディション、その他ブラジル、アメリカに二度足を運んでいる。ブラジルでは、前年のうちにブラジル銀行から国際交流基金の協力を得て、ワークショップから公演まで行って、その一連をオーディションとした。

キャスト、スタッフが決まり、稽古場も公演場所も決定した後、台本書きをして創作がはじまった。まずアメリカの作曲家やブラジルのビデオアーティストとの打ち合わせにアメリカ、ブラジルでミーティング、同様に日本でも美術、音楽の打ち合わせを開始。その一カ月半後に各国からアーティストがやって来て稽古がスタート。このタイムテーブルをいかに組み立てるかはプロデューサー、演出家の重要な仕事である。

作品創作に関して演出が何をしているかは第二章で書いた通りだ。それ以外には時間の管理がきわめて重要である。演出助手が細かくチェックしてくれる場合もあるが、演出家の基本は全体像を常に頭に置きつつ細部を詰めていくことだ。その詰め方にもタイミングがあり、最初から事細く決めダメ出しをしても機能性は高まらない。作品としての深みを公演初日に最大限出せるようにプランニングするのだが、これが意外に難しい。細部に入れ込み過ぎると作品自体が停滞する。いかに稽古時間を計算しつつ全体進行を図るか、進行管理はきわめて重要な能力であり、仕事である。

「Heart of Gold――百年の孤独」では一〇〇年の歴史を約二カ月弱の稽古期間を使い二時間の作品とした。しかし構想に二三年、実際には約一年前から準備をしてやっと辿り着いている。作品によっては思いついてすぐに形にしてしまう場合もあるが、本作品は演出が可能とするアイデアを手繰った結果としての作品化だから長い時間がかかり、ガルシア゠マルケスの『百年の孤独』は、小説とは別の相貌に変化した新たな舞台作品「Heart of Gold――百年の孤独」と成ったのである。

まとめ

以上の要素が統合されて「Heart of Gold――百年の孤独」として結実した。どれひとつ欠けても作品にはならなかった。それらひとつひとつを手繰った結果が作品になった。では十分満足いく作品となったかと問われれば、なお不満が残るとしか答えようがない。常に舞台作品は完成形にはならず、人間がライブで行っている限り絶対に不備が出てしまうもの。映画のように完成形には持っていけないもどかしさは残る。ときに体調不良を起こし、ときに怪我をし、失敗を起こすのが人。ミスをなくす最大限の努力はするが完璧は不可能。ましてやさまざまな要素が渾然一体となるには誰一人として手を抜かず、タイミング、ポジション、演技、動き、音量、音質、画像調整、衣装、照明等々、すべてがベストな状態で機能性を発揮する必要がある。加えて、一カ所のスペースのみでの実施ではなく何カ所かのツアーを組めば、必ず問題が出る。同じ空間性を持つ場所はどこにもないからである。

それでもこうした努力は最大公約数としての作品の質を担保する。磨けば磨くほど作品の質は上がる。ただ、それを許す環境にあるかどうかが問われる。以前、つくばの芸術監督をしていたとき、カナダ人演出家、ロベール・ルパージュの「月の向こう側」を上演した。一人芝居だが、映像を多用する作品で絶妙に人と映像が絡み合う、映像による幻惑が重要な要素の作品だった。このとき、彼らのチームは劇場入りしてから本番までゆっくりゆっくり、初演でもないのに総計で四日間か五日間を準備に要したと記憶している。この繊細さが多くの要素を扱う作品には要求される。しかしルパージュのような世界的な知名度があってこそ許されるプロセスだ（さらに言えば、その知名度はカナダ、そしてケベック州という国と州政府の資金があって高められたが、この点は省く）。つまり、このような方法は、高い知名度、潤沢な資金が用意できてはじめて可能になる方法だ。当事国の高い民度も必須である。

そうは言っても舞台芸術作品は人々の想像を超える世界を現出し得る。けれど本作品の創作プロセス、そしてそれ以降の作品創作を鑑みてもいかに困難な道のりか、これまで強く実感してきた。日本国内ではジャンル的な壁がきわめて厚いため、舞踊も演劇も縦横に跨がれるような演者は極端に少なく、かつ、舞台芸術自体がさほど認知されていない国家、地域では資金の確保は困難をきわめる。

だがそれでもなお、真摯に向かい合えば面白い可能性が見えて来る。舞台芸術は多様な要素を包含しつつ次なるステージを準備する。基本的な部分から改革を促すしかあるまい。

現在、私は「Heart of Gold——百年の孤独」以上の可能性を秘めた作品を準備、模索している。

第七章　新しい舞台芸術への提言

私が創作に向かった理由はふたつある。ひとつは苦悩のなかにも喜びと可能性を感じたから、ふたつ目は今に生きる人間として社会に対し責務らしき感情を持ったからである。そこで定点観測地として東京を選択した。東京に基点を置いて社会の動きを見つめ、状況や問題点を認識しながら変換、発信しようと決めた。同じ地点に長く住んでいれば、その変遷や意味がよくわかり、海外を移動しつつ世界を見る視点を獲得して東京を相対化させられるだろうと考えた。

社会と対峙し、社会に対する提言や芸術的アイデアの提示を行おうと意図して来た。しかし一九九〇年代以降、日本の状況は閉塞し深い闇のなかに嵌まり込んで行くかのようで、創作活動自体も徒労感が大きな波となって襲ってきた。原因を纏めると次に集約される。

①社会的な文化土壌の問題
②資金面の課題
③芸術的成果判断の問題

④教育の問題

以上四点について意見を述べておく。

①社会的な文化土壌の問題

社会的な土壌は②、③、④と大きく関わる。社会的土壌の文化認識が深ければ②―④の問題は解決に向かいやすい。

アジアの多くの国では欧米列強の侵略を受け、または日本のように独立を守るため自ら望んで欧米列強に伍していこうと欧米に倣った歴史を持つ。つまり欧米化が否応なく行われたのがアジア諸国だが国によってさまざま、一色ではない。文化、芸術面でも日本、韓国、シンガポール、香港、フィリピンは西洋に強く染まって、作家側、観客側ともに西洋的作劇法や舞踊への関心が強く、他の要素が見えにくくなってしまった国もあれば、インドネシアのように植民地にされたが文化侵略は受けず、自国の音楽や舞踊に強いこだわりを持ち続けられた国もある。日本の近代以降の演劇は西洋から入ってきた新劇、そしてその亜流や反新劇として生まれたアンチ派から多くの作家が生まれた。舞踊ではバレエ、モダンダンス、ジャズダンス等、西洋系舞踊が基本となっている。土方巽が生み出した舞踏はあるが、舞踊会全体で見れば小さな派閥で、コンテンポラリーダンスはなんでもありだとしても多くは西洋系舞踊を基礎にする。二〇一二年から小中学校の必修科目になったのがヒップホップで、アメリカのストリートダンスから発生した。また西洋か自国の作品には観客が入りやすいが、アジア地域の作品では客入りが悪い。これは西洋文化に憧れを抱く上記アジア諸国の全般的傾向だ。歌舞伎人気は高いが、それは特殊なものとして括り、一般的には日本人の憧れは西洋にあり、アジアは観光地としてはともかく、現代芸術、特に舞台芸術は魅力的ではない地域だと思い込んでいる。感覚が開いているはずのアーティストでさえ西洋にばかり行きたがる。いかに日本の教育、日本人の目が西洋に向けられてきたかを強く実感する。

日本を中心に置きながら世界を見据えた創作をして来ると、この国の芸術文化の歴史を辿りつつどう未来に繋げられるか、考えざるを得なくなる。芸術文化は私たちのアイデンティティに直結するとともに、現在の状況は危機的だと感じるからだ。文化には歴史が付随し、生活の知恵があり、私たちを育んだ美意識がある。その上に花開くのが芸術で、芸術は宗教と同根に位置して人の欠落した部分を補填する。つまり芸術も宗教も日常生活では認識しにくい神の視点や異世界の視点として私たちを相対化する役割を果たしている。芸術が存在する理由は、人間界ばかりではなく、あらゆる世界との関係性を構築する意識醸成を促すためだと言ってよい。しかしこの意識が希薄になり、目の前ばかりが尊ばれるようになったまま、身じろぎもしない。

今、芸術文化の根源性を意識できない状態が一般化している。私たちに近く、認識しやすい表層的な芸術文化ばかりを好んでいれば、私たちを支える土台が脆くなって、気づかぬうちに根無し草と化す。一時的には便利で楽しく軽やかに感じるだろう。しかし私たちの精神の拠り所が危うくなってしまえば、私たちは不安定になり生きることへの違和が知らぬ間に増してしまう。今、私たちが感じている「生きにくさ」は経済的厳しさだけにあるのではない。経済の上部にあるはずの根源的文化全般が見えにくくなり、軽視されて隅にうずくまっているからである。私たちの生活は包括的文化力があってこそ息づき、芸術は確固たるものとして育まれる。日本の文化には長い歴史が築き上げた礎があるが、一五〇〇年近くも砂や埃が舞い落ちて礎はぼんやりとしか見えなくなった。そんな砂と埃の不安定な地盤に私たちは立ちながら地盤が揺れているかどうかさえ感じられず、鈍感なままのんびりとあぐらをかいて目先のみを追いかけている、これが今の私たちの姿である。

私たちの生活基盤には文化があり、どのような思考を育むかは基盤の文化によって大きく異なる。今、社会のなかで起きている問題は文化認識に依拠しているケースがきわめて多い。

文化は心を育てるばかりではなく、身体そのものを実のように成らせる。身体に則って心は育まれる。縮こまり弱々しくなった身体では箱庭化した作品しか作れない。

遊牧民は遊牧民の環境と身体を持つがゆえに、心は遊牧民のメンタリティーとなる。長く農地の耕作に勤しんできた日本人の身体は、激変したとは言え、深く根付いたリズム感覚を保持している。田植えや耕作リズムとしての二拍子に心地よさを感じ、重心は地面に向かう特性を持つ。身体には簡単に変えられる部分と変えられない部分があって、すぐに消えてしまう文化があれば、なかなか消えずに染み付いて残る文化もある。それが私たちの根になる。文化の根幹には身体があって、思考を作り、あらゆる部分に波及する。

新しい芸術を作り出すための根幹には私たちの身体がある。脆弱な身体が一般化すれば自らの脆弱性には気付けず、それこそが強みだとの強弁さえ生み出す。社会の基盤としての私たちの身体には新しい芸術のみならず、社会全体の力量を生み出す原資がある。

②資金面の課題

一五年以上も前、ある地方都市の芸術監督をしていたとき、私の作品上演のための照明費を見て驚いた議員がいた。その金額に憤慨した議員が言い放ったことば、「照明なんてスイッチを捻れば点灯する。こんなに金が掛かるはずはない」。照明の仕込みにはかなりの人手を要し、かつ細い明かり作りを行えば、二日はかかってしまう。その撤収にも人手が必要であり、そこにプラン料が乗る。劇場にない器具が必要なら借りてこなくてはならない。今ではこんな議員は消えたと思いたいが、ときに妙な話を聞くこともある。

同じく昔、日本の中央官庁の助成担当官が、ここでは真ん中の真ん中にある文化が好きなのです、と言ったのを聞き仰天した。つまりすでに評価の定まったものでないと文化とは認めたくないと言ったのが中央官庁なのである。

これらは昔の笑い話だ。しかし状況は実はあまり変わっていない。アーツカウンシルを作ったり、劇場法を作ったり……と、いろいろな方法が試みられてきたが、状況が変化したとは思えない。根本的な認識を変えずに表面だけを弄んでも大きな変化は起きず、むしろ妙な既得権が強くなるだけだ。変化を及ぼすのに時間がかかるのは当然だが、文化認識が変わらなければ逆に悪化さえ促す。

芸術は真ん中と周辺部が互いに力を持ち、バランスを図りつつ成り立たせるのがもっとも健全である（ただし本来、芸術に「真ん中」なんてあってたまるかとは思う）。互いを凌ぐための強さが求められ、競い合って良い緊張状態を作り出せる。真ん中と周辺部では相互に興味がないふりをするだろうが、周辺部は常に真ん中を照射する。周辺部が高い芸術的成果をもたらせば、真ん中がノンビリはしていられなくなる。全体の芸術的レベルが上がれば慢心は芽生えにくい。よって新たな方法を求め切磋琢磨しながら可能性を探るのは、芸術にとっては必要不可欠の行為であり意識だ。とは言え周辺や先端に位置すればするほど金回りが悪いため資金をかけにくく、厳しい視線に晒されやすい。評価の定まった芸術は安定した商品型芸術として資金獲得も比較的容易である。だが安心ほど芸術的メンタリティーから遠いものはない。

芸術的成果の認識ができるようになるには、左脳トレーニングだけでは不十分で、芸術的サムシングを感じ取れる包括的身体とするべく教育に資金を掛ける必要がある。状況認識のみの教育しか施せないのでは、未知の新たな局面へと船出して行く子どもたちにとっては不幸だ。教育が要だが、これは④の項で述べる。

創作を困難にする最大要因は資金である。興行収入のみでの公演はほぼ成り立たないから助成金に申請するが、申請に通っても実に苦しい。舞台に携わる人たちのほとんどは生活苦を抱え込むため、テレビに出て知名度アップを計ろうとする。だがテレビに出るようになれば、商業演劇以外の舞台にはなかなか戻れない。また、助成金がなければ作品が創れないのは甘えだという人もいる。そもそも助成金という名称からして、あくまでも助けて成らせる金なのだ。しかしアメリカのウィリアム・J・ボウモルとウィリアム・E・ボウエンが一九六〇年代のアメリカ舞台芸術界について書いた「舞台芸術――芸術と経済のジレンマ」には、サポートの必要性がはっきりと示されている。この本によれば、どうあっても観客収入のみでは舞台作品は成り立たず、スポンサーシップや助成制度は必須であり、経済活動とは関わりなく赤字が増えると論証している。

③芸術的成果判断の問題

オクタビオ・パスは次のように書く。「スタイルはあらゆる創造的意図の出発点にあって、まさしくそれゆえに、すべての芸術家は、その共有のスタイル、あるいは歴史的スタイルを超越せんと願うのである。詩人がスタイルや作法を獲得すると、彼は詩人であることをやめ、文学的からくりの建造者になってしまう」と。

創造的意図の下、スタイルが生み出され、やや遅れて堕落化の幕が切って落とされる。これが普通だ。メソッドをありがたがるアーティスト、アート受容者は多い。しかし形は型になった途端に形骸化がはじまり、権力の手段にもなる。

どんな時代でも、「安全な枠」は安心に繋がり、魅力的に見える。よって枠内に収まって歩みが止まり、スタイルの保持に努める。観客も「安心」を手にしつつ見ることができる。そこから稀に飛び抜けて激しい芸術家精神を持ったアーティストが出てきては世界を変革しようとする。古典であっても枠に留まらず、不断の変革を起こそうとする意思を持つのが芸術的精神の根幹だ。私もそうでありたいと願って活動して来たが容易ではない。

芸術は過去、現在を繋ぐ橋梁だとの認識のもと、はるか未来をも展望する。それが芸術の強みであり凄みだ。だから未だに私たちはラスコーの壁画や縄文土器に心奪われるのである。それが芸術の強みであ術は生身の身体を介在させるから、どうあっても未来には残らず、人の記憶に止まるだけである。しかし身体を介在させるがゆえに、強くダイレクトに心の奥底に届きもする。どんな芸術でもそれはあるのだが、稀にさまざまな歯車が渾然一体化したときの舞台芸術作品の凄みは他を圧する。なぜなら、一体化した歯車にはあらゆる芸術要素が絶妙に絡まり合い、時間、空間の多様な要素が入り込み、認識を超えたところで心に染み入ってくるからである。だがその瞬間がいつやって来るかは誰にもわからない。

芸術は公共財だとする考え方がある。その意味は、芸術は公共に寄与する「希望的な」財産性を持ったものだということだろう。ところが芸術的希望は、実生活に於ける希望とは性質を大きく異にしている。実生活での希望には必ず「明るさ」が付いて回る。しかし、芸術は人間のあらゆる側面を追求する手だてであり、人間を再確認する手段として芸術的希望には明暗がともに入り込む。明るい、暗いで判断できるものではない。「未知の領域へと向かおうとする意思」と「さらなる深部を探求しようとする精神」の輝かしい二つの魂だけが芸術の持つ希望なのだ。

人は自己を確認しなければ生きてはいけない生物として、誰もが強い表現欲を持っている。私は一般人を対象としたワークショップを通じてそれを知った。己が己自身であるために、自らを強烈に示したい欲求を心の奥底に隠し持ち、生々しいのが人である。

ゴッホの画に私たちが見るのは激しく噴き上がる彼の精神だ。たとえば耳を切り落とした自画像、渦巻きだらけの画、ジャガイモだけを頬張る無表情の一家の画……これらの画から私たちは悲惨さだけを感じ取っているのではない。現実の生々しさと激しく燃え上がる画家の魂が込められた鮮烈な意思を見るのである。ゴヤの「黒い絵」と称される一四枚の画はどうだ。明るい希望は微塵もない。「我が子を食らうサトゥルヌス」はその名の通り、我が子を食う怪物の画、目を背けたくなるほどだ。しかし画家の魂の激しさが画に乗り移り、猛烈な迫力を伴って見る側に迫り、人間の極北へと追いつめていく。その力が感じられるから、いかに陰惨、悲惨な黒く塗られた画でも、絶望を含みつつ希望へと転化する。絶望を知るから愛を注ぎ込めるのが人だ。芸術は「暗部」を通りながらも「明部」へと転換させる装置なのだ。だからこそ、芸術は公共財になり得る。

芸術の重要性が認識できるようになるには「公共」の概念が育たなければならない。ついては横への広がりと縦への深さの両方の意識が要となる。往々にして横への広がりだけが「公共」と捉えられがちだが、深部のない「公共」社会はなんとも虚しく、浅薄な哲学しか持ち得ない。

芸術は文化を支え、文化は社会の支柱となる。社会を経済性だけで捉えると将来に禍根を残す。ただしその本質は見えにくく、ゆえにわかりやすさが重宝される。経済は数字だというのはまやかしだが、ともかくそういうことになっており、みんな数字に騙される。今の社会では優秀だとされる人ほど総合的な脳は弱く、鈍い感性しか持てない傾向が強い。だからこんな歪な社会になり、芸術・文化にもその視点を持ち込もうとする。こんな時代になってしまうとなかなか見つけられないのが本物の目利きだ。しかしその存在は絶対に必要である。

舞台活動を通して長く観客やワークショップ参加者と向かい合ってくると、短期的にもたらされる成果と、長い期間かけて実っていく成果があると知る。瞬時に感情が沸騰し、共感が得られる作品がある一方、時間をかけて心のなかで熟成し育つ作品がある。本物の芸術作品のなかには、そのときは嫌な気分を持ったとしても、以降ゆっくりと心の内側に別の感覚が芽吹いて育ち、数十年間もの期間を要して認識に至る場合がある。自らが成長して、いつか見た、聞いた芸術作品の全体を受け入れられるまでに浸透した頃、突然それは生きる希望へと転化する。そんな作品こそ〝生命記憶〟に連関した、深い記憶と語り合う作品と言えるが、こんな作品は一朝一夕にはできないし、観客が認知するにも長い時間が必要となる。時間をかけて認知した作品は一生ものとして人の深部に宿る。だがそれには地道な下支えが必要だ。本物の見巧者と一定数の高い認識力と見識を持った批評家がいなければ難しい。果たして日本には見巧者はそれなりに多く存在しているのか？

④教育の問題

日本では西洋を範とした芸術教育が行われて来た。美術は西洋美術、音楽は西洋音楽、舞台は西洋演劇に西洋舞踊、西洋歌劇、映画も写真ももともとは西洋で生まれている。明治以降、西洋信奉者となったのが日本であり、疑いをほとんど持たないままここまで来てしまった。だが大きな差異が西洋と日本にはある。フィールドワークとして世界中の民族音楽を研究した小泉文夫はリズムについて次のように言う。「日本的なリズム感というものは日本独自なものではなくして、その仲間が方々にある、そして、むしろ広い世界の中では西洋音楽のように割り切った、そして強弱というものが重要な要素であるリズムの構造というものは、逆に特殊なものと考えなければなりません」。西洋を崇めたのは時代的要請だったにせよ、西洋の文化が広まったのは、わかりやすい単純さがあったからである。

日本の教育制度も明治以降は西洋が規範で、日本的独自色は消され、西洋に追いつこうとしてきた。現代でさえ未だに日本の芸術家は主に西洋に目を向けたままだ。商品として西洋が市場になる側面はあるが、それだけではなく、未だ西洋コンプレックスが根強く残って、西洋を範としたがる意識は消えてはいない。

西洋を規範とする部分はたくさんある。歴史的、文化的に西洋社会は構築力が強い。つまり積み上げて成り立たせる志向性があるから強いのである。舞台作品では、シーンを積み重ね、構築する力は西洋の作品の方が相対的には他地域に勝ると思われる。だがこの狭くなった地球の時代にあって、私たちに必要なのは世界を等価に眺める視点だ。むろんそのための基盤として、自らの土地の文化を知らねばならない。西洋化の力は強いが、一方では社会はどうあっても多様だ。それを知らずに西洋にばかり目を向けているのは滑稽でさえある。この滑稽さの源にはガチガチに固まったままの教育の問題が大きい。学校教育の規範は明治維新後一五〇年を経てなお西洋にある。舞台芸術にしてからが、学校で習うのは西洋舞踊、西洋型演劇がメインで、西洋にのみ大きな比重が置かれている。

教育者も為政者も芸術家も西洋に染まって育った。今生きている日本人のほぼ全員が西洋の呪縛教育のなかで教育されて来ており「西洋」の重石を外すのは容易ではない。だが、今の記憶ですら押し付けられ歪んでしまったまま染み付いている可能性が高く、私たちは私たち自身の再検証が必要である。たとえば今、日本人にとって音楽は強弱リズムが当たり前になり、誰でもできると思い込んでいるが、圧倒的に長い時代を異なったリズム感覚に浸って過ごしてきたのが私たちだ。アジアの演者にラップ音楽をやらせてみると明白。アジア人の身体には正確な拍子や裏拍子を、強弱リズムで取る習慣がまったくなかったと思い知らされる。非常にぎこちない。その一方、日本の舞踊家が忘れてしまっているのは呼吸でリズムを感じて動くことで、アジアの舞踊家ならばできて当たり前の、舞踊の基本ができない。日本もアジア文化の流れを受けているからかなり近い存在であるはずが、その重要な部分を置き忘れてしまっている。

私は身体教育がもっとも大切な教育だと考える。身体は私たちにとって直近の〝自然〟であり、生命記憶の源だからだ。「私の身体」を意識すれば、そっくりそのまま己が生きてきた場の持つ文化の根源に繋がる。食、生活のあり方、環境、リズムに繋がって、身体は「私は何者か」を認識する。そしてそれは、現在自分が住む土地文化を基点にして、国を、民族を、さらにはそこが日本ならばアジア地域を、続いて世界を意識せざるを得なくなる。ひいては人間とはなにか、生命とはなにかにまで繋がる。自分の身体を核に据えて物事を見れば見え方が大きく変わる、つまりそれこそがアイデンティティの獲得とともに、他との相違を自らのものとして捉える視点を生み出す。

教育者自身もまた、謙虚に、身体に向かい合わねばならない。向かい合わなかった歴史が私たちの歴史なのだから、誰にとっても簡単ではない。何を教えていいかわからなければ、教育者という変なプライドは捨てて謙虚に子どもたちとともに学ぶことだ。身体を子どもたちと発見するのである。

まずは創作行為を子どもたちに課してみよう。幼少の頃から刷り込まれた意識を教育者自身、取り払うのは難しいから、子どもたちに創作を課しつつ、自らも新たに発見すればいい。「見よう、感じようとして来なかった、意識の底に沈んでいる記憶」はすぐには出て来ない。「見たことのないものを作ろう」と謳ってもまず作り出せない。子どもでもそうだ。そこでいくつかのモチーフを並べてあげればいい。たとえば、〝見えない幽霊〟、〝聞こえない音〟、〝色のない色〟……こんなモチーフでよい。なんでもよいのだが、相反するモチーフを並列化させて示せば、脳内に混乱が起きる。混乱はわかりやすさを超えたなにかを生み出す可能性がある。教育者はどんな作品が出て来ても、良し悪しの判断をしてはいけない。教育者がすべきなのは、その作品はどのような経緯で出来、自分自身がなにを感じて制作したか、一所懸命に創作者の意図、意見を聞くことだ。同時に教育者自身は、自分が間違えているかも知れないと意識しておく必要がある。できればその場に大人たちも参加した方がいい。創作行為を高見から見物するのではなく、他者主導の作品に参加するのでもなく、自身で恥じらいを超えて創作に参加して欲しい。それを子どもたちが見つめれば大人への視点、認識が変わる。大人が変われば子どもはさらに変わろうと試みる。教育の一環として、幼少の頃からの全感性を刺激する教育を生涯教育にまで高める必要がある。教育者もまた、互いに学ぶ姿勢を持つことだ。既存の概念や形を押し付けるのではなく、すべてを等価に見て、次を生み出す思考方法を教え、教わる。原点に戻ることだ。教育者は自分が教える立場だと思うから素になれない。ならば、ともに学ぶ意識を持ち、新しい課題の創作実践を通して学びの姿勢を作り出せればいい。

＊＊＊

舞台芸術のように身体を使う芸術でさえ身体の不在化が進んでいる。であれば一般社会での病巣は深部にまで達し、深刻な状況だと容易に想像できよう。しかし気付けない。でも、ここを突破しなければ、私たち自身が生きていこうとする意思さえも消されてしまうだろう。

日本は、身体が不在化した状態を示しつつ世界の先端をひた走る。が、世界全体も大変な速度で日本を追いかけて来ている。身体不在化は世界的問題で小賢しく立ち回る人間はどこでももてはやされる。舞台芸術は小さなメディアに過ぎないから、その流れに太刀打ちできない。だがこの芸術は、すべての要素を持った感性型芸術として強い感応性と官能性を持ち、これが次の時代を読む力となる。ならば、いかにこの芸術の持つ有効性を展開し、機能的に動かすことができるかだ。今後の世界は「感性」と「身体」が鍵を握る。かつ〝生命記憶〟との語り合いを可能とする社会にならなければ、世界は崩壊へと一直線に向かわざるを得なくなる。

私たちは次の段階に立たなければならない。すべての舞台芸術家はジャンル的束縛から逃れ、使命感を持って、舞台芸術としか名付けられない芸術の世界へ向かう意思が必要であろう。

新しい舞台芸術の形を追いかけて三〇年後の二〇一二年五月にパパ・タラフマラは解散した。そしてすぐに「小池博史ブリッジプロジェクト」を発足し、現在は新たな、人間の希望の形を追い続けている。

今までの時間を振り返ると、良くも悪くも独行状態で、寂しいが清々しさはあった。アーティストは自ら世界を作り出していくのだから孤独は必然だ。手を繋いだとして、新たな作品を生み出す力になるはずもない。だが現在の世の中の状況を見ると、意識していろいろな境界を越えるために、手を携え、可能性を探る必要があるのではないかと思うようになった。それほど世界全体が汲々として危険な方向に向かって歩んでいる。今ブリッジプロジェクトで行っているのは時間的地理的境界線を取り払いつつ、未来の人間のあり方を探る試みだ。現実を直視すればするほど悩みは深くなるが、私たちアーティストは可能性を提示し続けることが使命だろう。

独行は苦しかった。が、いつも浮き浮きと高揚した気分でいたように思う。振り返ってみて間違いはなかったと確信すると同時に、舞台芸術の可能性は多大であると改めて実感している。

今回、私は原点に立ち戻りつつ舞台芸術に対する四〇年近い思いをできる限り記そうと試みた。今後、世界はどうなるのか、どのようなグランドデザインを描けるのか。

今、誰もが瀬戸際に立っているとの意識が大切である。

＊　＊　＊

この本は文化人類学者の今福龍太さんのご紹介と強い推薦があって、水声社の後藤亨真さんに繋がり、形にすることができた。おふたりには深く御礼申し上げたい。

著者について——

小池博史（こいけひろし）　一九五六年、茨城県生まれ。一橋大学社会学部卒業。舞台演出家。一九八二年から二〇一二年までパパ・タラフマラ、以降「小池博史ブリッジプロジェクト」を主宰。七〇作品を創作、四〇カ国で上演。主な著書として、『ロンググッドバイ——パパ・タラフマラとその時代』（青幻舎、二〇一一年）、『からだのこえをきく』（新潮社、二〇一三年）がある。

装幀——梅村昇史

新・舞台芸術論　21世紀風姿花伝

二〇一七年一二月二〇日第一版第一刷印刷　二〇一七年一二月三〇日第一版第一刷発行

著者――小池博史

発行者――鈴木宏

発行所――株式会社水声社

東京都文京区小石川二―七―五　郵便番号一一二―〇〇〇二

電話〇三―三八一八―六〇四〇　FAX〇三―三八一八―二四三七

［編集部］横浜市港北区新吉田東一―七七―一七　郵便番号二二三―〇〇五八

電話〇四五―七一七―五三五六　FAX〇四五―七一七―五三五七

郵便振替〇〇一八〇―四―六五四一〇〇

URL : http://www.suiseisha.net

印刷・製本――精興社

ISBN978-4-8010-0314-9

乱丁・落丁本はお取り替えいたします。